혜원 **신윤복**, 조선의 여인을 그리다

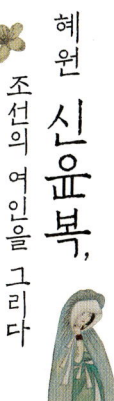

빛나는
미술가
7

혜원 신윤복,
조선의 여인을 그리다

최석조 글·김민준 그림

사계절

머리말

신윤복 이야기를 시작하며

신윤복은 수수께끼 화가입니다. 언제 어디에서 태어나, 어떻게 살다가, 어느 때 생을 마쳤는지 알 수 없거든요. 심지어 여인이었다느니 실제로는 존재하지 않았던 상상의 인물이라느니 하는 소문까지 무성했습니다. 모두 남겨진 기록이 없어서 생긴 후유증이지요.

하지만 신윤복은 조선 후기에 활동했던 화가가 맞습니다. 김홍도와 같은 시대에 살면서 자신만의 개성을 뽐낸 특출한 화가였습니다. 지금 남아 있는 수십 점의 작품이 말해 주지요. 신윤복의 작품은 참 매력적입니다. 보는 순간 '아!' 하는 탄성이 절로 나오지요. 이제까지 보지 못하던 특별한 그림이기 때문입니다.

신윤복은 주로 여인들을 그렸습니다. 여인이 등장하지 않은 그림은 거의 없습니다. 당시 화가들은 여인들을 잘 그리지 않았습니다. 어쩌다 그린다 해도 모성애를 나타내거나 일하는 여인들 모습뿐이었지요. 신윤복은 이런 틀을 과감히 깼습니다. 예쁘게 화장하고 멋진 옷을 입은 채 한껏 아름다움을 발산하는 여인으로 다시 태어나게 했지요. 여인들이 지닌 본연의 아름다움을 되살려 낸 겁니다. 심지어 옷을 벗은 알몸의 여인들까지 그리기도 했습니다. 여느 화가들은 꿈도 꾸지 못한 혁명적인 생각이었습니다.

신윤복은 남녀의 사랑도 빠뜨리지 않았습니다. 조선 시대는 남녀가 공개적으로 연애하는 걸 못마땅하게 여기던 사회였어요. 그럼에도 신윤복은 거

리낌 없었습니다. 한밤중에 몰래 만나는 연인들, 남자가 여인의 손을 덥석 잡는 모습도 있습니다. 한발 더 나아가 서로 끌어안고 있는 파격적인 장면도 보입니다. 연애에 관해서는 꽉 막히고 답답했던 200여 년 전 조선 시대에도 신윤복의 그림에서만큼은 자유로운 사랑이 꽃피고 있었지요.

신윤복은 도시 유흥가의 풍속도 그림에 담았습니다. 질펀하게 노는 양반들 모습, 기방이나 술집 같은 유흥가에서 벌어지는 풍속까지 적나라하게 묘사했습니다. 역시 다른 화가들 작품에서는 찾아볼 수 없는 점이지요.

또 신윤복은 화려한 색깔까지 서슴없이 썼습니다. 당시에는 색깔이 사람의 마음을 흐리게 한다고 대부분의 그림에 잘 쓰지 않았거든요. 기껏해야 궁궐이나 절에서 쓰는 그림에서만 볼 수 있었지요. 신윤복은 과감하게 풍속화에도 화려한 색을 입혔습니다. 덕분에 잊힐 뻔했던 조선의 색이 다시 살아나게 되었지요.

이런 일들은 모두 대단히 파격적이었습니다. 그래서 신윤복이 도화서에서 쫓겨났다는 말까지 나도는 것이겠지요. 진정한 예술가는 남이 하지 않은 걸 창조해 내는 사람입니다. 사실 신윤복의 그림은 당시에는 널리 인정받지 못했습니다. 요즘에 와서야 점차 알려지기 시작했지요. 지금 봐도 전혀 어색하지 않은 현대적 감각이 물씬 풍깁니다. 조선 시대에 살았지만 200여 년 앞을 내다본 신윤복, 시대를 앞서간 진정한 예술가라고 할 수 있습니다.

비록 그 삶에 관해서는 수수께끼투성이이지만 그림만큼은 매력투성이인 신윤복. 아름답고 사랑스럽고 개성 넘치는 그의 작품들을 만나러 가 볼까요?

2015년 초가을 최석조

2. 색, 조선을 물들이다

아니 놀고 어이리 · 64
일본에서 되찾아 온 국보 · 73
칼춤 추는 여인들 · 81
조선의 풍속화 · 92
달밤의 만남 · 100

3. 여인, 다시 태어나다

여인전문화가 · 112
조선, 속살을 드러내다 · 121
누워서 구름을 보다 · 131
가슴속에 익은 봄 · 141
시대를 앞서간 선각자 · 147

부록
신윤복의 생애 · 156
이 책에 실린 작품 · 157

차례

머리말
신윤복 이야기를 시작하며 · 6

1. 혜원, 그 감추어진 얼굴

아버지와 아들 · 12
화원 집안의 전통 · 21
도화서를 나오다 · 32
비밀의 화원 · 44
길 위를 떠도는 나날 · 53

아버지와 아들

"이상한 그림을 그린다고?"

"……."

"왜 말이 없는 게냐? 이상한 그림을 그리느냐고 묻지 않느냐?"

신윤복은 숙이고 있던 고개를 천천히 들었습니다. 어차피 한 번은 겪어야 할 일입니다. 감추기보다는 차라리 바른대로 말하는 편이 나을 것 같았습니다.

"네, 그렇습니다."

아버지 신한평의 입술이 바르르 떨렸습니다. 제발 아니라고 해 주길 바랐건마는 아들의 입에서 하늘이 무너져 내리는 말이 나왔습니다. 아들은 물론 어진 화사이기도 했던 자신의 미래마저 위태롭게 하는 말이었지요.

"용감한 게냐, 철이 없는 게냐?"

"그리고 싶은 그림을 그리는 게……."

"당찮은 소리! 조선 천지에 벌거벗은 여인을 그리는 화원이 어디 있단 말이냐?"

아버지는 아들의 말을 툭 자르며 호통치다가 갑자기 목소리를 낮추었습니다. 행여 문밖으로 새어 나갈까 싶어서였지요.

"네가 왜 이러는지 모르겠구나. 우리 화원들이야 나라에서 시키는 그림이나 잘 그리면 되는데, 쯧쯧."

그림 그리는 사람이 '화원'입니다. '화사'라고 부르기도 하지요. 화원이라면 흔히 도화서 화원을 가리킵니다. 도화서는 조선 시대에 그림 그리는 일을 도맡아 하던 관청이지요. 국가의 행사 과정을 세세하게 기록한 의궤, 왕이나 나라에 특별한 공을 세운 공신의 초상화, 궁궐의 모습이나 지도를 그리는 게 도화서 화원의 중요한 임무였습니다.

화원이 되려면 '취재'라고 하는 시험을 통과해야 했습니다. 대나무 그림, 산수화, 인물화, 화조화(꽃과 새를 그린 그림) 등이 시험 과목이었지요. 특히 대나무 그림과 산수화를 중요하게 여겨 점수를 더 주었습니다. 솜씨가 매우 뛰어난 화원은 임금의 초상화를 그리는 어진 화사가 되기도 했습니다. 그렇기에 도화서 화원은 조선 시대 그림의 중심이 되었습니다. 하지만 도화서 화원들은 모두 중인 신분이었습니다. 왕실이나 지체 높은 양반들이 부탁하는 대로 그림을 그려 줄 수밖에 없는 처지였지요.

아버지는 만지작거리던 그림 뭉치를 아들 앞으로 휙 던졌습니다. 흩어진 그림들이 희미한 촛불 아래 민낯을 드러냈습니다. 지난 단옷날에 그려 둔

《혜원전신첩》 중 〈단오풍정 : 단오의 풍경〉

그림도 보았습니다.

　단옷날은 음력 5월 5일, 무더위가 시작되는 때입니다. 보리 베기와 모내기를 막 끝낸 사람들의 몸과 마음을 달래 주는 날이지요. 이날 남자들은 씨름판을 벌이고 여인들은 그네를 뛰면서 쌓였던 피로를 풉니다. 여인들은 창포물에 머리를 감거나 깨끗한 물에 몸을 씻기도 합니다. 더위나 나쁜 일을 미리 막자는 풍습 때문입니다. 역시나 깨끗한 물이 흐르는 계곡에 여인 몇몇이 모여 있습니다.

　그네 타는 여인이 단연 눈에 띕니다. 새빨간 치마에 노란 저고리가 눈부실 지경이거든요. 연지를 칠한 입술도 타는 듯 붉습니다. 그림에 저렇듯 화려한 색깔을 쓰는 경우는 드물었어요. 조선의 선비들은 수수한 걸 좋아했기 때문입니다. 먹만 쓰거나 기껏해야 엷은 색만 조금 썼을 뿐입니다. 그런데 이 그림은 화려하다 못해 눈부실 정도로 원색을 많이 썼습니다.

　여인 둘은 머리를 매만지는 중입니다. 조금 전 깨끗한 물에 머리를 감았거든요. 그중 두 갈래로 길게 땋은 가체 머리가 인상적입니다. 가체는 여자가 몸단장을 할 때 머리에 얹거나 덧붙이는 또 다른 머리를 말합니다. '다래'라고도 하는데 조선 후기에 크게 유행했던 풍습이지요. 오른쪽에 보따리를 인 여인은 가슴이 훤히 드러나 있습니다. 유난히 짧은 저고리 탓입니다. 신분이 낮은 여인들은 저렇게 가슴이 드러나는 짧은 저고리를 입었습니다. 그렇다 해도 그림으로 표현하는 건 드문 일이지요.

　아래쪽 계곡에는 차마 눈 뜨고 볼 수 없는 민망한 장면이 보입니다. 여인 넷이 저고리를 홀랑 벗은 채 몸을 씻는 중이거든요. 가슴은 물론 엉덩이까지 다 드러났습니다.

　세상에! 벌거벗은 여인을 그리다니요. 그냥 여인만 그려도 눈총받는 시대였는데, 어떻게 이런 그림을! 남녀유별(유교 사상에서 남자와 여자 사이에 분별이 있어야 함을 이르는 말)이 엄격했던 조선 시대에는 감히 상상도 못 할 그림입니다. 무엇이 그리 좋은지 숨어서 훔쳐보는 두 명의 사미승(불교에서 승려가 지켜야 할 계율을 받고자 수행하고 있는 어린 남자 승려)만 키득키득 신이 났습니다.

　아버지는 눈살을 찌푸렸습니다. 그림이라면 사군자나 산수화가 으뜸입니다. 사군자란 매화, 난초, 국화, 대나무 등 네 가지 식물을 그린 그림을 말합니다. 꽃샘추위를 이겨 내고 꽃망울을 터뜨리는 꿋꿋한 매화, 은은한 향기를 멀리 퍼뜨리는 난초, 모든 꽃들이 지고 난 늦가을에야 서리를 맞고 피는 국화, 그리고 언제나 곧게 자라는 대나무. 선비라면 꼭 닮아야 할 모습이기에 그림 중에서도 가장 즐겨 그렸지

〈바람 맞은 대나무〉 이정, 17세기 초반

〈인왕산〉 강희언, 18세기

요. 강이나 산의 모습에 자신의 마음을 담아 그리는 산수화도 좋은 그림으로 쳤습니다. 아니면 초상화나 화조화도 있었습니다. 그런데 믿었던 아들이 그런 건 내팽개치고 이상한 그림을 그리다니요.

아버지는 아들이 왜 이러는지 알 수 없었습니다. 아니, 알고 싶지도 않았습니다. 조선이라는 나라에서 벌거벗은 여인을 그리는 건 도저히 용서받지 못할 일이니까요. 시장을 떠도는 뜨내기 화가들이라면 몰라도 버젓한 도화서 화원이면서. 누가 알면 당장 도화서에서 쫓겨날 노릇입니다.

"불태워라! 그리고 그런 그림일랑 다시는 그리지 마라!"

나지막하지만 단호한 목소리였습니다.

화원 집안의 전통

윤복은 신한평이 늦게 본 자식이었습니다. 서른 살을 훌쩍 넘기고서 얻은 아들이니만큼 귀하게 키웠습니다. 신한평의 직업이 화원인지라 집 안에는 눈에 보이는 게 붓이며 종이였지요. 윤복은 하루 종일 옷에 먹물을 묻히고 종이를 구겨 가며 놀았습니다. 값비싼 붓이며 종이를 망친다고 탓하는 사람도 없었습니다. 덕분에 예닐곱 살 무렵에는 제법 그림 흉내를 냈습니다. 꽃과 나무는 물론 마당에서 노니는 닭을 그리기도 했지요. 신한평은 흐뭇했습니다. 윤복이만 제대로 커 준다면 누구도 괄시 못 할 화원 집안의 전통을 이어 가게 되니까요.

"네 종조부(할아버지의 형제)가 누구시더냐?"

"신, 일 자 홍 자 쓰시는 어르신입니다."

"그래, 너에게는 할아버지이시고 내게는 큰아버지이시다. 이 어른이 도화서 화원이셨다."

"알고 있습니다. 아버지께서 뒤를 이어받으셨잖아요."

윤복의 종증조부(증조할아버지의 형제) 신세담이 도화서 화원이었고, 그 뒤를 이어 신일흥, 신한평까지 이미 3대가 화원으로 자리 잡았습니다. 3대를 이어 왔으니 윤복은 물론 손자까지 4대, 5대를 이어 가며 이름난 화원 가문을 만드는 일이 신한평의 소원이었습니다. 사실 윗대 두 분은 그리 이름난 화원이 아니었습니다. 신한평에 이르러서야 비로소 이름을 떨치기 시작했지요. 윤복이 태어난 이듬해인 1759년, 신한평은 영조 임금과 정순왕후의 혼례식 절차를 적은 《영조정순왕후가례도감의궤》에 그림을 그릴 정도로 실력을 인정받고 있었습니다.

"윤복아, 조선에서 누가 가장 그림을 잘 그리느냐?"

"그야 물론 아버지이시지요."

"옳지, 하하하!"

신한평은 크게 소리 내어 웃었습니다. 실제로는 자신보다 뛰어난 화원이 많겠지만 아버지를 뿌듯하게 생각하는 아들을 보니 즐겁기만 했습니다. 아들을 꼭 자신을 능가하는 화가로 만들고 싶었습니다. 그래서 윤복이 열 살 되던 무렵에는 본격적으로 그림을 가르치기 시작했습니다.

윤복은 아버지의 가르침을 쏙쏙 받아들였습니다. 오히려 신한평이 어릴 적보다 더 재능이 엿보였습니다. 그러나 윤복은 아버지가 가르쳐 주는 사군자나 산수화에는 곧잘 싫증을 내곤 했습니다. 억지로 앉혀 놓고 가르치다 보면 하품만 하기 일쑤였지요. 어린 나이에 어려운 그림을 받아들이기란 쉽지 않은 일이었으니까요.

"아버지, 다른 그림도 가르쳐 주세요."

"무얼 말이냐? 사군자, 산수화야말로 진짜 그림인데."

"재미있고 쉬운 그림 있잖아요."

"응? 아, 속화를 말하는 게로구나."

윤복의 얼굴에 웃음꽃이 활짝 피어났습니다. 신한평도 빙긋 따라 웃었습니다. 속화는 조선 시대에 풍속화를 가리키던 말입니다. 그리기도 쉽고 재미도 있어 윤복이 무척 좋아하는 그림이었지요.

"가만있자, 무얼 그릴까?"

신한평은 잠깐 생각하더니 익숙한 솜씨로 붓을 놀리기 시작했습니다. 윤복은 옆에서 빤히 지켜보았습니다. 얼마 안 가 하얀 종이 위에 여인 한 명과 세 명의 아이가 생겨났습니다. 여인은 아기를 안고서 젖을 물리고 있었습니다.

"누구예요?"

"네 어머니잖니. 동생 윤수에게 젖을 먹이고 있지."

왼쪽에는 여자아이가 얌전히 앉아 있고 오른쪽에 서 있는 남자아이는 눈물을 훔치며 훌쩍이고 있습니다.

"그럼 옆에 있는 아이는……."

"누구긴. 앉은 건 네 누이이고 우는 건 바로 너란다."

"저라고요? 하필 우는 모습을, 이잉."

〈자모육아〉: 어머니가 아기에게 젖을 줌〉 신한평

　윤복의 입이 실룩해지더니 정말 울음을 터뜨릴 것 같은 표정이 되었습니다. 신한평이 재미있다고 웃기만 하자 옆에 있던 어머니가 윤복을 가만히 안아 주었습니다.
　신한평이 그린 〈자모육아〉는 단란한 가족 그림입니다. 아기에게 젖 먹이는 어머니의 따뜻한 모성애가 듬뿍 담겼지요. 비록 화폭의 한쪽으로 치우친 감은 있지만 인물의 특성이 잘 드러나게 그린 그림입니다.
　"와! 색깔 한번 곱구나."
　윤복은 가끔 아버지가 일하는 도화서로 놀러 가곤 했습니다. 갈 때마다 화원들은 늘 바빠 보였습니다. 워낙 일이 많은 곳이라 쉴 틈이 별로 없었지요. 이날은 많은 화원들이 화방에 모여 의궤에 실을 그림을 그리는 중이었습니다. 얼마 전 궁궐에서 큰 잔치가 열렸다더니 그걸 그리는 모양입니다.

의궤는 왕실이나 국가의 큰 행사가 끝난 뒤 그 과정을 모두 기록한 책입니다. 의궤에는 각종 '도설(행사에 쓰인 여러 물건들을 간략하게 그린 그림)'과 '반차도(행사에 참여한 사람과 의장물의 수, 위치 등을 정해 놓은 그림)'가 꼭 들어가야 합니다. 지금으로 말하면 사진과 같은 역할입니다. 덕분에 문자 기록만으로는 알 수 없는 의식과 행사 상황을 생생하게 알 수 있지요.

무엇보다 윤복의 눈길을 끈 건 '반차도'였습니다. 빨강, 파랑, 초록의 화려한 원색 옷을 입은 사람들 모습은 감탄을 자아내기에 충분했습니다.

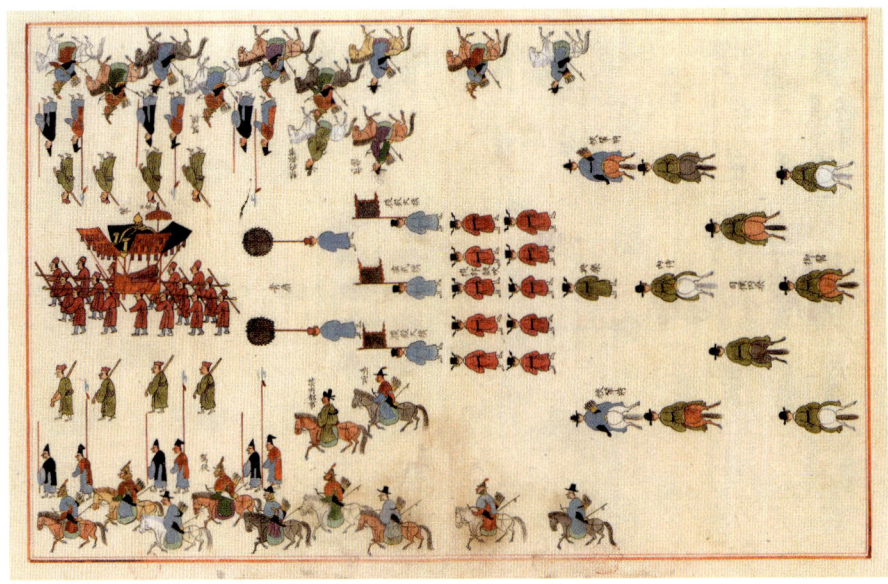

《영조정순왕후가례도감의궤》 1759년

윤복은 연신 감탄사를 내뱉으며 그림에서 눈을 떼지 못했습니다. 아버지도 집에서는 이렇게 화려한 색깔을 써서 그림을 그리지 않았으니까요. 아버지가 빙그레 웃으며 물었습니다.

"신기하더냐?"

"네, 아버지. 어디서 이런 고운 색을……. 저기 가마를 멘 사람들이 입은 옷의 붉은색은 어떻게 만드나요?"

"'주사'라고 하는 광물에서 얻는단다. 주사를 곱게 빻아 가루로 만든 다음 아교를 섞어 물에 타서 쓰면 되지."

"여기 이 노란색은요?"

"등황이란다. 등황은 더운 곳에서 자라는 등황나무 줄기에서 얻은 나뭇진이지. 조선에서 나지 않기에 무척 귀하단다. 그래서 구하기 쉬운 치자나 울금을 끓여 노란색을 내기도 하지."

신한평은 여러 가지 색깔의 물감을 보여 주었습니다. 파란색은 '쪽'이라는 식물에서 우려내고, 하얀색은 조개껍데기를 빻아서 만들며, 초록색은 공작석(녹색 빛깔이 나는 광물로, 무늬가 공작의 꽁지깃을 닮았다)을 빻아 만든다고 했습니다. 윤복은 아버지가 일러 주는 대로 가슴속 깊이 새겨 두었습니다.

"색은 주로 궁궐에서 쓰이는 그림에만 사용한단다. 궁궐 그림은 장엄하고 화려하게 보여야 하는 까닭이지. 물론 물감이 워낙 귀하다 보니 구하기 어려운 탓도 있단다."

　그림 감상을 좋아하는 조선의 선비들은 화려한 색을 싫어했습니다. 화려한 색이 사람의 마음을 어지럽힌다고 여겼거든요. 마음 수양을 중요하게 여기는 선비들이 색을 멀리하는 건 당연했습니다. 그러니 화원들 역시 그림에 짙고 화려한 색깔 쓰기를 꺼렸지요. 조선에서는 수묵(엷은 먹물)으로 그리는 사군자나 산수화가 대세였습니다. 집에서 아버지가 즐겨 그리는 그림이 지루하고 밋밋해 보이는 건 이 때문이었습니다.
　'무슨 말이지? 이렇게 곱디고운 색을 함부로 쓰면 안 된다니.'
　윤복은 도화서에서 본 온갖 화려한 색깔에 마음을 쏙 빼앗겼습니다. 새로운 세상을 본 듯했습니다. 흥분한 나머지 킁킁거리며 주사와 등황 가루 냄새를 맡기도 하고 살짝 찍어 맛도 보았습니다. 색을 마음대로 쓴다

면 금방이라도 멋진 그림이 나올 것만 같았지요.
 윤복의 그림 솜씨는 하루가 다르게 늘어 갔습니다. 더불어 신한평도 차곡차곡 명성을 쌓아 갔습니다. 1773년, 신한평은 48세에 드디어 영조 임금의 어진을 그리는 어진 화사로 뽑혔습니다. 신윤복이 열여섯 살 되던 무렵입니다.
 어진 화사는 화원 최고의 영광입니다. 도화서에 들어온 이상 누구나 어진 화사가 되는 꿈을 품습니다. 어진을 다 그리고 나면 대부분 큰 상을 받거나 벼슬자리를 얻었지요. 화원으로서는 가장 빠른 출셋길이었습니다.
 어진 화사는 역할에 따라 세 분야로 나뉩니다. 얼굴을 그리는 주관 화사, 옷과 몸을 그리는 동참 화사, 배경을 그리는 수종 화사입니다. 비록 어진을 그릴 때 뒤치다꺼리가 많은 수종 화사이긴 했지만 신한평은 당당한 어진 화사가 되어 나라 안의 쟁쟁한 화가들과 어깨를 나란히 하게

되었지요. 이때 29세의 젊은 화가 김홍도도 함께 어진 화사가 되었습니다. 서른 살도 안 되는 젊은이가 솜씨만은 최고였지요. 신한평은 나중에 김홍도와 함께 여러 가지 일을 맡아 하게 됩니다.

"윤복아, 그림 공부를 게을리해서는 안 된다."

"네, 아버지. 염려 마시고 잘 다녀오십시오."

신한평은 영조의 어진과 왕세손(나중에 정조)의 초상화 그리는 일을 무사히 마치고, 그 공으로 전라도 지방에 작은 벼슬자리를 얻어 집을 떠나게 되었습니다. 한창 그림 공부에 재미 붙인 아들을 옆에서 가르치지 못하는 아쉬움이 컸지만 중인 출신 화원이 벼슬자리를 얻은 것은 집안의 큰 경사였습니다. 아쉬움은 아쉬움대로 접어 두고 기쁜 마음으로 길을 나섰습니다.

신한평은 1773년부터 1775년까지 약 3년 동안 전라도에서 지냈습니다. 물론 벼슬자리에 있으면서도 꾸준히 작품 활동을 이어 갔습니다. 화원이 그림 그리기를 멈추는 순간 실력은 녹슬기 마련이니까요. 이때 그린 그림으로 〈이광사 초상〉이 남아 있습니다.

유명한 학자이자 서예가였던 이광사는 어쩌다 영조 임금을 반대하는 역모 사건에 휘말려 신지도에서 귀양살이를 하고 있었습니다. 신지도는 전라도 남쪽 끝에 있는 작은 섬입니다. 마침 신한평의 근무지가 신지도였던지라 이광사를 찾아가 인사를 나누고 초상화를 그려 주었던 것입니다.

그림 속 이광사는 편한 두루마기를 입고 사방건을 썼습니다. 사방건은 선비들이 편한 차림으로 집 안에 있을 때 맨상투를 가리려고 쓰는 모자

〈이광사 초상〉 신한평, 1774년

입니다. 사면이 평평하고 네모진 모양이라 붙은 이름이지요. 신한평은 이광사의 수염과 사방건의 올, 그리고 두루마기 주름까지 정성 들여 세밀하게 묘사했습니다. 조선 시대에 초상화는 생김새를 똑같이 그리는 건 물론이고 인물의 마음까지 그려 내야 했습니다. 신한평은 오랜 귀양 생활로 우울해하던 이광사의 마음까지 잘 표현했습니다. 이런 점에서 〈이광사 초상〉은 매우 잘된 그림으로 평가받지요. 이런 신한평의 그림 솜씨를 신윤복이 고스란히 물려받았나 봅니다.

도화서를 나오다

3년의 임기를 마치고 신한평은 다시 한양으로 돌아왔습니다. 신윤복은 어느새 훤칠한 청년이 되어 있었습니다.

"안 보는 사이 많이 컸구나."

"아버지께서도 여전하십니다."

"그래, 그림 공부는 많이 했느냐?"

신윤복은 대답 대신 빙긋 웃기만 했습니다. 신한평은 신윤복에게 그동안 그렸던 그림을 가져오라고 일렀습니다. 그러고는 마치 숙제 검사라도 하듯 차근차근 훑어보았습니다. 산수화, 사군자, 인물화, 화조화, 풍속화 등 다양한 그림이었습니다. 몇 년 안 보는 사이에 키만 큰 줄 알았더니 그림 솜씨도 많이 늘었습니다. 제법 화원다운 면모가 엿보였습니다. 한참 그림을 넘기던 신한평의 손길이 갑자기 멈추었습니다.

"이건 무엇이냐?"

《혜원전신첩》 중 〈청루소일 : 기방에 앉아 시간을 보내다〉

신한평은 낯선 풍속화에 눈길을 고정한 채 물었습니다.

방 안과 마루에 걸터앉은 남녀 두 사람이 보입니다. 여인의 오른손에는 생황이 들려 있습니다. 생황은 둥근 박통에 가느다란 대나무 관을 여러 개 꽂은 악기입니다. 입으로 불면 대나무 관을 통해 소리가 나지요. 조선 시대에는 가야금, 거문고, 대금과 함께 널리 사랑받던 악기 중 하나입니다. 두 남녀의 눈길은 나란히 오른쪽으로 향했습니다. 파란 치마를 입고 전모를 쓴 여인이 집 안으로 들어서는 순간입니다. 두 사람은 이 여인을 기다린 듯합니다.

신한평의 눈에는 어쩐지 낯설지 않은 분위기였습니다. 아무래도 지인들과 가끔 들렀던 기방 같았습니다. 기방은 기생을 두고 운영하는 술집을 말합니다. 여기서 일하는 기생들은 춤과 노래 솜씨를 갖추어야 제대로 대접받았습니다. 학문까지 뛰어난 기생은 시를 지어 선비들과 주고받기도 했지요. 유명한 기생 황진이가 바로 그런 경우입니다. 이 그림에 나오는 두 여인은 기생이고 남자는 기방을 찾은 손님일 테지요.

그런데 어떻게 아들이 이런 그림을 그렸을까요? 기방에 가 보지 않고선 그릴 수 없는 그림인데 말입니다. 신한평은 고개를 갸웃거렸습니다.

"별것 아닙니다. 아는 화원이 그린 그림인데 보고 돌려준다고 하고선 아직……."

신윤복은 당황해하며 말끝을 얼버무렸습니다. 아버지는 이상한 느낌이 들었지만 더 이상 묻지 않았습니다. 아직 나이가 덜 찬 아들이 기방 출입을 한다고는 미처 생각하지 못했지요.

　신윤복은 가슴을 쓸어내렸지만 불안한 마음은 가시질 않았습니다. 언제고 자기가 그린 그림이란 사실이 밝혀지면 불호령이 떨어질 게 뻔했으니까요. 사실 아버지가 집을 떠나 있던 3년 동안 신윤복에게는 큰 비밀이 생겼습니다.

　신윤복의 집은 중인들이 많이 모여 살던 중촌에 있었습니다. 중촌은 장사치들로 붐비던 광통교와 운종가(지금의 서울 종로) 근처인데, 부근에 기방이 많았습니다. 관청에서 일하는 관리들과 장사치들이 들락거리기에 편리했거든요. 신윤복은 호기심이 남달리 많았습니다. 날마다 광통교와 운종가를 드나들며 사람들이 살아가는 모습을 지켜보다 보니 자연스레 기방 쪽에도 관심을 갖게 되었습니다. 사춘기 소년의 호기심과도 맞물려 기방과 기생들의 모습은 신윤복의 눈에 쏙 들어왔고, 어느새 이런 모습을 그림에 담기에 이르렀습니다. 이때까지 기방과 기생들을 그리는 화가는 아무도 없었습니다. 신윤복은 남다른 그림 세계를 키워 가고 있었던 겁니다.

　이런 사실을 알 리 없는 아버지 신한평은 늘 바빴습니다. 1776년에는 영조 임금이 승하(임금이나 존귀한 사람이 세상을 떠남을 높여 이르던 말)했습니다. 52년이라는 긴 세월 동안 권좌에 있던 임금의 장례는 엄숙하게 거행되었습니다. 신한평은 김홍도, 김후신과 함께 장례에 쓰일 보불(임금의 관을 덮는 보자기)에 문양을 그렸습니다. 새 임금인 정조가 들어선 뒤에도 바쁜 생활은 이어졌습니다. 도화서 화원의 일이야 항상 쌓여 있었지요.

　신한평은 도화서 생활 틈틈이 바깥나들이를 즐겼습니다. 자주 강희언의 집에서 김홍도, 이인문 등 다른 화원들과 모여 토론도 하고 주문받은 그림도 그렸습니다. 어느 날 신한평은 평소 친하게 지내던 김홍도에게 넌지시 말을 건넸습니다.

"우리 아이가 벌써 스무 살이 넘었다네."

"윤복이 말인가요? 그림도 제법 그린다고 들었습니다."

"하하, 자네만 하겠는가? 그런데 말이야……."

신한평은 목소리를 낮추고 이야기했습니다. 이제 아들의 나이가 찼으니 도화서에 넣고 싶은데 걸림돌이 하나 있었거든요. 당시 나라에는 아버지와 아들이 같은 관청에서 근무하면 안 된다는 법이 있었습니다.

"그런 법이야 있다지만 솜씨만 뛰어나면 뭐 그리 문제 되겠습니까. 일단 시험이나 보게 하십시오."

"혹시 나중에라도 문제가 될까 싶어서……."

"도화서에 새로 들어오는 화원들 실력이 갈수록 신통치 않아 걱정입니다. 임금께서 요구하는 그림 수준은 점점 높아만 가는데, 윤복이 같은 인재가 들어온다면 크게 환영할 일이지요. 저도 다른 화원들에게 추천해 보겠습니다."

"고맙네. 나중에 도화서에 들어오면 잘 가르쳐 주게."

얼마 되지 않아 신윤복은 도화서 시험에 합격했습니다. 신한평은 왠지 찜찜하기도 했지만 다행히 아들의 솜씨가 괜찮아 대놓고 불만을 내뱉는 사람은 없었습니다.

"윤복이 그림 솜씨 좀 보게."

"그러게 말일세. 김홍도도 긴장해야겠는걸."

동료들의 칭찬을 들을 때마다 신한평은 흐뭇했습니다. 도화서 제조(도화서의 최고 책임자)나 별제(화원들을 통솔하면서 도화서를 실질적으로 운영하는 관리)도 칭찬하느라 침이 마를 지경이었습니다. 신한평 역시 날로 솜씨가 발전하는 아들이 대견했습니다. 4대를 잇는 도화서 화원 가문의 꿈이 손에 잡힐 듯 가까워지고 있었습니다.

"김홍도만큼만 따라 해라."

신윤복이 귀가 따갑도록 아버지에게 들은 소리입니다. 신한평은 김홍도와 함께 일하는 시간이 많아지면서 새삼 그의 솜씨에 탄복하고는 했습니다. 자신보다 열아홉 살이나 아래였지만 그림만큼은 따라갈 수 없다는 걸 알았습니다. 이제는 아들이 그 역할을 해 주길 바랐던 것입니다.

신윤복은 김홍도를 따라가기 위해 애썼습니다. 남들도 신윤복의 그림에 김홍도의 솜씨가 어른거린다고 말했습니다. 처음에는 칭찬이려니 생각했는데 자꾸 그런 소리를 듣게 되니 기분이 썩 좋지는 않았습니다. 자기가 그려 놓고도 자신의 그림이 아니라는 생각이 들었던 까닭입니다. 솔직히 말하면 신윤복은 김홍도의 그림이 마음에 와 닿지 않았습니다. 김홍도 역시 자신의 생각보다는 남들이 바라는 그림에만 몰두했기 때문입니다. 아직 젊은 김홍도라 위에서 시키는 그림을 거부하기는 힘들었을 테지요. 하지만 신윤복의 생각은 달랐습니다. 화가라면 마땅히 자신이 그리고 싶은 그림을 그려야 한다고 여겼습니다. 나아가 남들이 그리지 않는 새로운 그림에도 도전할 수 있어야 진정한 화가라는 생각에까지 이르게 되었습니다.

하지만 도화서에서는 그럴 수 없었습니다. 자신이 원하는 그림은 그리지 못했습니다. 신윤복을 한낱 애송이로만 취급하고 일일이 간섭하려 들었습니다. 툭하면 양반들이 들러 이런저런 그림을 부탁하기도 했습니다. 화원이 아니라 그림 그리는 노비쯤으로 여기는 것만 같았지요. 신윤복은 영혼 없는 그림을 그려야만 한다는 사실이 너무나 못마땅했습니다.

워낙 자유분방한 성격이었던 터라 도화서의 꽉 짜인 생활도 힘들었습니다. 청소하랴 물 길으랴 빨래하랴 종이나 물감 사 오랴, 심지어 배고프달 때 밥까지 지어 바치는 등 온갖 자질구레한 일에 시달렸습니다. 도화서에 들어오면 원 없이 그림만 그릴 줄 알았는데 잔심부름이 더 많았습니다. 아침부터 저녁까지 한 치의 자유로운 시간도 허용되지 않았습니다.

신윤복의 가슴은 타 들어갔습니다. 하소연할 데도 없었습니다. 일을 마친 뒤 술집이나 기방에 들러 술 한잔 마시는 것을 그나마 위안거리로 삼았습니다. 그리고 기방에서 활기차게 살아가는 여인들을 보며 자신이 그려야 할 그림이 무엇인지 확실하게 깨달았습니다. 신윤복에 대한 소문이 나돌기 시작한 건 이즈음이었습니다.

"요즘 이상한 소문이 돕니다."

어느 날 신한평과 친한 후배 김 화원이 귓속말로 속삭였습니다. 신한평은 무슨 일인가 싶어 눈을 크게 떴습니다.

"그리고 이건 화방을 청소하다가 나온 그림입니다."
김 화원이 내민 그림 뭉치는 끈으로 묶여 있었습니다. 무심코 풀어 본 신한평의 눈이 휘둥그레졌습니다. 기방이나 술집 풍경에다가 남녀가 함께 어울려 노는 그림이 대부분이었기 때문입니다. 그림마다 여인들은 빠지지 않고 꼭 등장했습니다. 도화서 화원들은 여인 그림을 좀처럼 그리지 않습니다. 한 장 한 장 뒤로 넘길수록 내용은 더 낯 뜨거웠습니다. 가슴까지 드러나게 벌거벗은 여인, 벌건 대낮에 여인의 손목을 잡아끄는 젊은 양반, 심지어 남녀가 서로 꼭 끌어안은 그림까지. 차마 두 눈 뜨고는 못 볼 그림들이었습니다.
"어허, 대체 이걸 누가 그렸다는 말인가?"
"저어……."

　김 화원은 대답을 주저했습니다. 신한평은 갑자기 불길한 예감이 들었습니다.
　"설마 윤복이가?"
　김 화원은 고개를 끄덕였습니다. 신한평은 소스라치게 놀랐습니다. 얌전한 줄만 알았던 아들이 이런 그림을 그렸다니. 그제야 지난번 보았던 그림의 정체를 알 것 같았습니다.
　"아뿔싸! 진작 말렸어야 했는데."
　신한평은 종일 끙끙 앓다가 모두 퇴근하고 없는 틈을 타 뒷방으로 신윤복을 불러 앉혔습니다. 신한평은 다시 한 번 단호한 목소리로 말했습니다.
　"불태우라 하지 않았느냐!"
　흩어진 그림들을 주섬주섬 챙기던 신윤복이 갑자기 아버지를 바라보았습니다. 무얼 단단히 결심이라도 한 눈빛이었습니다.
　"아버지, 더는 도화서 생활을 견딜 수 없습니다."
　"갓 들어온 애송이가 힘든 건 당연하지 않느냐?"
　"고달픈 생활이야 견딜 수 있습니다. 하지만 그리고 싶은 그림을 마음대로 그리지 못하는 건 참지 못하겠습니다."

"그래, 고작 그딴 그림이나 그리고 싶은 게냐?"

"저는 이런 그림을 그릴 때만 살아 있음을 느낍니다. 평생을 남이 시키는 그림만 그리면서 살고 싶지는 않습니다."

"참다 보면 네가 원하는 그림을 그릴 날도 올 거다."

"어차피 아버지께서 아시게 된 마당에 한시도 지체하고 싶지 않습니다."

"계속 고집 피울 테냐?"

신한평은 참으로 난처했습니다. 저런 그림을 그린다는 소문이 퍼지면 도화서에 있을 수도 없습니다. 그렇다고 아들의 고집을 꺾기도 만만치 않았습니다. 신한평은 한풀 꺾인 목소리로 애원했습니다.

"어진 화사인 내 체면은 어찌하란 말이냐?"

"그건 아버지의 길이지 제 길은 아닙니다."

"도화서에서는 널 받아들여 주지 않을 게다."

"제 그림을 그리지 못하는데 여기 있을 필요가 있겠습니까?"

"그래, 네 마음대로 해라! 단, 이곳을 나서는 순간 다시는 발을 들일 수 없느니라."

신윤복도 마침내 가슴속 저 밑에 꾹꾹 눌러두었던 말을 꺼냈습니다.

"도화서를 나가겠습니다."

두 사람은 말없이 서로 바라보기만 했습니다. 한참 만에 일어선 신윤복은 아버지에게 큰절을 올렸습니다. 도화서 문을 나선 신윤복은 한 번도 뒤돌아보지 않았습니다. 신윤복은 천천히 어둠 속으로 사라져 갔습니다.

비밀의 화원

〈바람의 화원〉이라는 텔레비전 드라마를 아는지요? 같은 제목의 소설을 원작으로 삼아 2008년 안방극장에 방영되었던 인기 드라마였지요. 덕분에 드라마의 여주인공은 그해 연기 대상까지 받았습니다.

이 드라마가 인기를 끌었던 까닭이 있습니다. 우리 귀에 익은 이름, 김홍도와 신윤복을 주인공으로 삼았기 때문입니다. 두 사람은 '국민 화가'로 일컬어지며 지금도 여전히 사람들 입에 자주 오르내리고 있지요. 그런데 뜻밖에도 드라마에서 신윤복은 여자로 나옵니다. 자신이 여자임을 속이고 남장을 한 채 도화서에 들어가 그림을 배운다는 설정입니다. 물론 말도 안 되는 이야기입니다. 왜냐하면 중인들의 족보인 《성원록》에 신한평에게는 두 명의 아들이 있었다고 기록되어 있거든요. 신윤복과 동생 신윤수입니다. 족보에는 남자들만 이름을 올리니 신윤복은 틀림없이 남자였겠지요. 신윤복이 여자일 가능성은 거의 없는 셈입니다. 그렇지만 억지로라도 신윤복을 여자로 만든 나름대로의 사정은 있습니다.

혜원 신윤복! 조선 시대 화가들 중에 신윤복만큼 비밀스런 인물도 없을 겁니다. 태어난 정확한 해는 물론 어떻게 살다가 언제, 어디서 죽었는지도 알려져 있지 않아요. 떠들썩한 이름에 비해 확실한 정체는 도무지 알 수 없는 화가입니다.

기록에 관한 한 조선 사람들의 집착은 매우 유별납니다. 500년에 걸친 국가의 모든 역사를 빠짐없이 기록해 두었을 정도이지요. 《조선왕조실록》과 《승정원일기》가 대표적입니다. 여기에는 정치, 외교, 문화, 예술 분야는 물론 날씨, 지진, 천문 현상까지 꼼꼼하게 기록되어 있습니다. 그렇기에 두 책 모두 세계 문화유산으로 뽑힌 거지요. 이 밖에도 개인이 쓴 문집 또한 헤아릴 수 없이 많습니다. 모두 한데 모으면 도서관 몇 개쯤은 쉽게 만들 정도입니다.

그런데 이렇게 많은 책들 중에서 신윤복에 대한 기록은 눈 씻고 찾아봐도 없습니다. 똑같은 화가였던 김홍도에 관한 기록은 넘쳐 나는데 말이지요. 한때 신윤복이 실존 인물이 아니라는 말이 떠돌았던 까닭도 이 때문입니다. 오죽했으면 신윤복이 여자였다는 소설과 드라마까지 만들어졌을까요?

그렇지만 신윤복은 분명 조선 시대에 살았던 화가입니다. 50점이 넘는 그의 작품이 이를 증명해 주지요. 그중 몇몇은 눈이 휘둥그레질 만큼 잘 그린 작품입니다. 확실한 정체도 모른 채 훌륭한 작품이 남아 있다는 사실

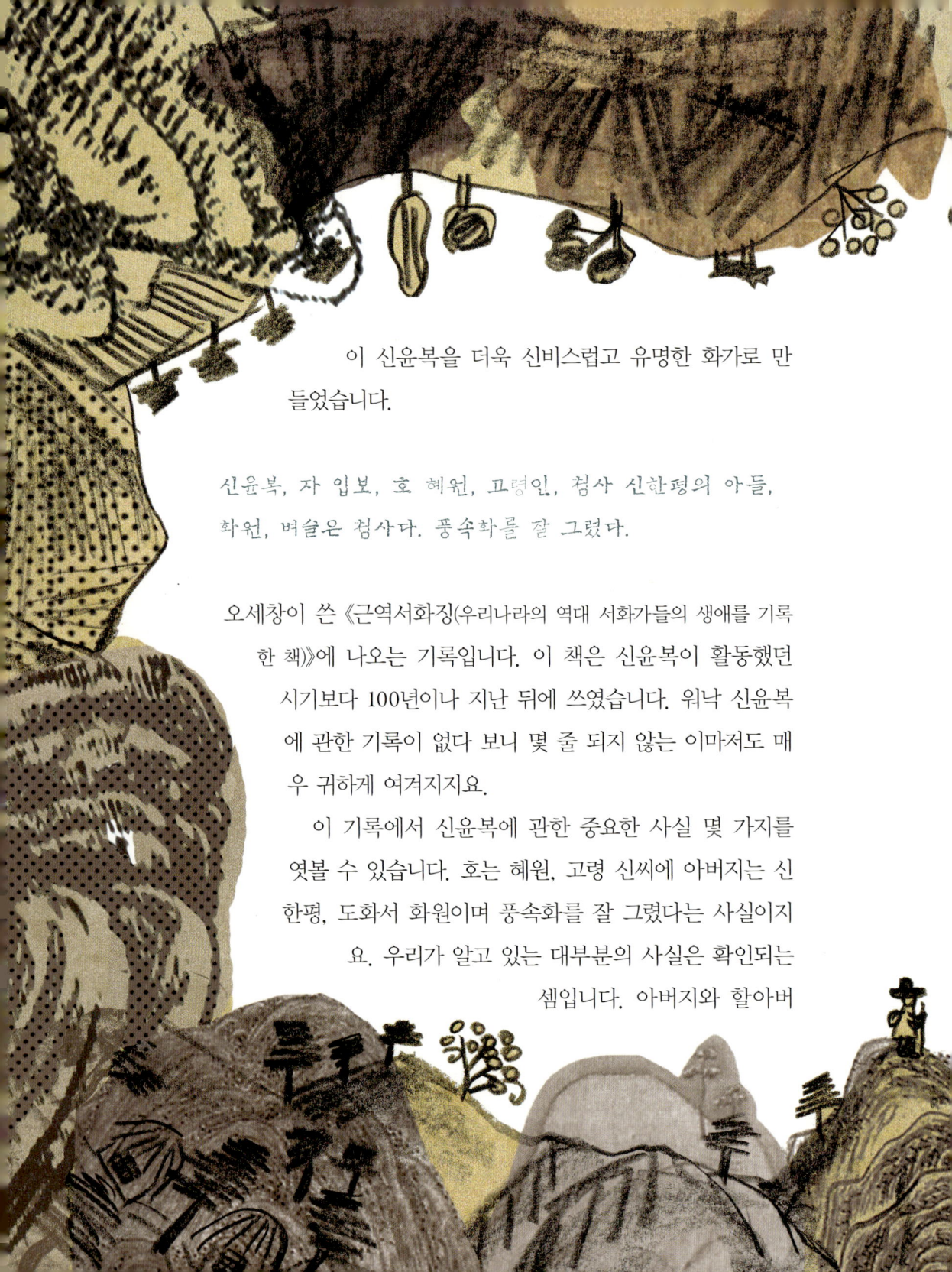

이 신윤복을 더욱 신비스럽고 유명한 화가로 만들었습니다.

신윤복, 자 입보, 호 혜원, 고령인, 첨사 신한평의 아들, 화원, 벼슬은 첨사다. 풍속화를 잘 그렸다.

오세창이 쓴 《근역서화징(우리나라의 역대 서화가들의 생애를 기록한 책)》에 나오는 기록입니다. 이 책은 신윤복이 활동했던 시기보다 100년이나 지난 뒤에 쓰였습니다. 워낙 신윤복에 관한 기록이 없다 보니 몇 줄 되지 않는 이마저도 매우 귀하게 여겨지지요.

이 기록에서 신윤복에 관한 중요한 사실 몇 가지를 엿볼 수 있습니다. 호는 혜원, 고령 신씨에 아버지는 신한평, 도화서 화원이며 풍속화를 잘 그렸다는 사실이지요. 우리가 알고 있는 대부분의 사실은 확인되는 셈입니다. 아버지와 할아버

지까지 화원이었으니 신윤복 역시 화원이었을 가능성이 큽니다. 조선 시대에 화원은 집안 대대로 대물림하는 직업이었으니까요.

반대로 도화서 화원이 아니었을 가능성도 있습니다. 신윤복이 화원으로 활동했다는 기록이 전혀 남아 있질 않거든요. 조선 시대에는 국가의 중요한 행사를 담은 의궤 그림을 많이 그렸습니다. 여기에는 참여한 화원의 이름을 꼭 적어 놓는데 많은 의궤 중에서 신윤복 이름 석 자는 보이질 않습니다. 도화서 화원이었다고 해도 아주 잠깐 동안만 활동해서일 수도 있겠지요.

신한평이 화원이었다는 건 신분이 중인이라는 뜻입니다. 조선 시대에는 양반, 중인, 상민, 천민 등 네 개의 신분으로 구별했습니다. 가장 높은 양반은 중요한 벼슬을 독차지하며 나라의 운영을 맡았습니다. 이들은 세금도 내지 않고 군대에도 가지 않았으며 오로지 공부에 집중하여 과거 시험에 도전하는 특권을 누렸지요. '선비'라고 불리는 사람들은 모두 양반이었습니다.

중인은 양반과 상민 가운데에 있다고 붙인 이름입니다. 조선 시대 신분 사회에서 두 번째 계층이지요. 중인들은 대대로 전문적인 기술 직업을 맡았습니다. 오늘날 선망하는 직업인 의사를 비롯해 통역관, 천문학자, 화가는 대부분 중인들이 도맡았지요. 중인들은 낮은 벼슬만 할 수 있어 양반들에게 무시당했습니다.

상민은 그 수가 가장 많은 계층이었습니다. 주로 농업, 어업, 공업, 상업 등의 일을 맡았으며 세금을 내고 군대에도 갔습니다. 법적으로는 벼슬을 할 수 있었으나 현실에서는 불가능했습니다.

천민은 상민 아래 계층이었습니다. 주로 관청이나 양반집에서 노비로 일하면서 험한 일을 도맡아 했습니다. 가장 멸시당했던 신분으로, 마치 재산처럼 사고팔기도 했지요.

신윤복의 집안도 처음부터 중인은 아니었습니다. 신윤복은 신말주의 11대 후손입니다. 신말주는 수양 대군이 세조 임금이 될 수 있게 도왔던 신숙주의 동생입니다. 신말주 역시 대사간이라는 높은 벼슬을 지낸 양반이었지요. 쭉 양반으로 내려오다가 신윤복의 8대조인 신수진이 서자(본부인이 아닌 첩이나 다른 여자에게서 난 아들)였던지라 이때부터 양반에서 중인으로 내려앉게 됩니다. 조선 시대에는 본부인의 자손들만 똑같은 양반으로 대했거든요. 이후로 신윤복 집안사람들은 운과(천문), 역과(통역), 의과(의술) 시험에 합격하여 전문 직업인의 길을 걷게 됩니다.

《혜원전신첩》 중 〈소년전홍 : 젊은이가 붉은 꽃을 꺾다〉

　신윤복이 화원이 된 까닭도 이 때문입니다. 화원도 중인들이 전문적으로 맡아 하던 일이었거든요. 중인들은 맡은 일을 대물림하면서 부와 명성을 쌓기도 했습니다. 화원들 역시 자신의 직업을 자손들에게 물려주고 또 같은 화원 집안끼리 결혼도 하면서 세력을 키워 갔습니다. 신한평도 자손들이 대물림해 가는 전통 있는 화원 가문을 꿈꾸었던 겁니다. 그런데 왜 신윤복이 도화서에서 쫓겨났다는 소문이 났을까요?

그 이유로 짐작해 볼 수 있는 건, 먼저 조선 사회에서 받아들이기 힘든 그림을 그렸기 때문일 가능성입니다. 앞서 본 〈소년전홍〉이라는 그림만 해도 번듯한 차림의 젊은 양반이 여인의 손목을 잡아끌고 있습니다. 여인이 엉덩이를 빼며 싫다는데도 아랑곳하지 않습니다. 남녀가 같이 서 있기만 해도 눈총을 받던 세상인데 저렇게 손목까지 잡아끌며 노골적으로 유혹하는 그림이 곱게 보였을까요? 국가에서 운영하는 도화서에서 이런 그림을 인정해 줄 리 만무하지요.

또 하나, 신윤복의 성격 때문일 수도 있습니다. 신윤복은 평생 동안 한 곳에 머무르지 않고 여기저기 떠도는 삶을 삽니다. 자유분방했던 타고난 성격 탓입니다. 이런 사람들은 틀에 박힌 생활을 견뎌 내지 못합니다. 도화서는 매일 출근해 하루 종일 시키는 그림을 그려야 하는 관청입니다. 신윤복처럼 개성이 강한 사람에게 이런 생활은 고통 그 자체였을 테지요. 조선 말기의 화가 장승업도 그런 경우였습니다. 심지어 임금의 명을 받고 일하던 궁궐에서조차 견디지 못하고 여러 번 도망쳐 나왔거든요. 신윤복 역시 도화서 생활을 견디지 못했을 가능성이 큽니다. 그렇다면 신윤복이 도화서에서 쫓겨났다기보다는 스스로 그곳을 뛰쳐나왔다는 표현이 더 진실에 가깝지 않을까요?

흥미로운 사실이 한 가지 있습니다. 신윤복에게는 또 다른 이름이 있었습니다. 〈아기 업은 여인〉은 제목 그대로 젊은 여인이 등에 아기를 업고 있는 그림입니다. 가슴이 드러나는 짧은 저고리가 눈길을 끕니다. 어머니가

〈아기 업은 여인〉

아니라 아리따운 미인을 그려 놓았네요. 역시 신윤복다운 그림입니다. 그림에 적힌 글은 다른 사람이 쓴 평입니다. 중국 화가가 그린 여인 그림과 비교해 가며 신윤복의 솜씨를 칭찬한 내용이지요. 맨 오른쪽에 갈색 종이를 덧대어 따로 적은 여덟 글자가 눈에 띕니다.

혜원 신가권, 자 덕여

신가권, 신윤복의 또 다른 이름입니다. 어렸을 적 부르던 아명이라고도 하고 어른이 되어서도 쓴 본명이라고도 합니다. 그렇다면 신윤복이라는 이름은 작품 활동을 하기 위한 예명이 되는 거지요. 익숙한 이름 '신윤복' 대신 불러 보는 '신가권'이 어쩐지 낯섭니다. 신가권이라는 이름은 신윤복 최고의 명작인 〈미인도〉에 찍힌 도장에서도 찾아볼 수 있습니다. 신윤복에게는 '입보'라는 자가 있는데 '덕여'라는 자도 썼어요. 이렇듯 신윤복의 정체는 여기저기 더러 보이는 짤막한 글로 밝혀 나갈 도리밖에 없답니다.

신윤복의 아버지는 화원이라 잘 알려졌지만 어머니에 대해서는 잘 모릅니다. 다만 홍천 피씨였다는 사실만 알 뿐입니다. 예로부터 여자들 이름은 적지 않았으니 성만 알아도 감지덕지하지요. 신한평과 홍천 피씨는 슬하에 2남 1녀를 두었습니다. 신윤복은 2남 중 맏아들입니다. 같은 피붙이인 남동생이나 누나에 대해서도 잘 알려져 있지 않습니다.

이처럼 신윤복을 알아 가는 과정은 참으로 답답합니다. 워낙 알려진 사실이 적으니까요. 마치 숨바꼭질이라도 하듯 꼭꼭 얼굴을 감추고 있지요. 그나마 신윤복이 어떤 인물인지 속 시원히 밝혀 줄 자료는 있습니다. 바로 그의 작품입니다. 화가는 작품으로 말한다고 하지요. 그러니 50여 점 남아 있는 작품을 보면서 그의 삶을 더듬어 가는 수밖에요.

길 위를 떠도는 나날

신윤복은 마치 이방인 같았고, 여항인들과 사귀며 동가식서가숙했다.

《청구화사》라는 책에 나오는 글입니다. 신윤복에 관한 거의 유일한 기록이라고 할 수 있습니다. 《청구화사》는 신윤복이 살아 있을 무렵에 쓰인 책입니다. 당대의 기록이니 신윤복에 관한 비교적 정확한 증언인 셈이지요.

이 기록만 보아도 신윤복이 그리 평범한 사람은 아니었습니다. '이방인'은 세상일에 얽매이지 않고 자유로이 살아가는 사람을 뜻하거든요. '동가식서가숙'은 동쪽 집에서 밥을 먹고 서쪽 집에서 잠을 잔다는 말이니 떠돌이 생활을 했다는 뜻이 됩니다. 보통 사람들의 생활과는 동떨어진 삶이었지요. 신윤복의 자 '입보'도 이를 뒷받침해 줍니다. 입보는 '삿갓 쓴 사람'을 뜻합니다. 삿갓은 비나 여름철 햇볕을 막으려고 쓰는 모자인 데다 만들기도 어렵지 않아서 떠돌아다니는 사람에게 안성맞춤이었지요. 자신의 삶을 한마디로 표현해 주는 이름입니다.

　도화서를 뛰쳐나온 신윤복은 지낼 곳이 막막했습니다. 아버지의 말을 거역했으니 집으로 돌아가기도 어려웠고 도화서는 더더욱 갈 수 없었습니다. 본격적으로 여기저기 떠도는 생활을 시작하게 된 겁니다. 들르는 곳이 집이 되고 눕는 곳이 방이 되었습니다. 그러다 보니 저절로 많은 사람들을 사귀게 되었습니다.

　"그림 잘 그리는 젊은 친구로구먼."

　"자네 그림은 우리도 알고 있네. 한껏 고상한 체하는 양반들 그림과는 영 딴판이지."

　"암, 그렇고말고. 솔직한 마음을 드러낸 이런 그림이야말로 진정한 예술 작품이라고 할 수 있지."

　신윤복은 여항인들과 사귀었다고 했습니다. 여항인은 경아전(조선 시대에

중앙 관아의 벼슬아치 밑에서 일을 보던 사람들)이나 전문 기술인이 많았습니다. 여기에다 차별받던 서자나 승려까지 포함되었지요. 이들은 대부분 신윤복과 같은 중인 계급이었고, 문학이나 예술적 감성이 뛰어났습니다. 생각도 자유로웠고 사회를 개혁하고자 하는 열망도 있었습니다. 장사로 돈을 모아 큰 부자가 된 여항인은 신윤복처럼 솜씨 좋은 예술가들을 적극 도와주기도 했습니다. 당연히 신윤복의 그림에 대해서도 폭넓게 이해해 주었지요. 신윤복은 기방이나 술집을 자주 드나들며 이들과 어울리게 되었습니다. 여항인들은 유흥과 풍류를 무척 즐겼거든요.

"퍽!"

"어이쿠, 나 죽네!"

초저녁부터 기방 앞에서 싸움이 벌어졌습니다. 서로 멱살을 잡고 주먹을 날리다 보니 갓은 망가지고 상투는 보기 흉하게 헝클어졌습니다. 얼굴엔

《혜원전신첩》 중 〈기방난투 : 기방에서 싸움을 벌이다〉

퍼런 멍이 들고 입술은 터져서 피로 물들었지요. 기방 대문 앞에 선 기생은 남의 일처럼 태연하기만 합니다. 매일 벌어지는 흔한 일이니 구경이랄 것도 없나 봅니다.

이긴 사람은 의기양양하게 옷을 챙겨 입습니다. 오른쪽 아래에는 망가진 갓을 주섬주섬 챙겨 드는 사람도 보입니다. 진 사람과 한편이겠지요. 같이 엉겨 붙다 넘어졌는지 옷이 흙투성이입니다. 싸움에 진 사람은 벌써 왼쪽으로 쫓겨 갔습니다. 두 사람이 부축하면서 살살 달래 줍니다.

"크게 다친 덴 없소? 남자들끼리 술 마시다 보면 이런 일 저런 일이 있기 마련이니 마음에 담아 두지 마시오."

"거 좋은 게 좋은 거라고, 때린 분도 사과하고 맞은 분도 이해하는 게 어떻겠소? 나중에 두 분에게 술 한잔 대접하리다."

맞은 사람은 억울하지만 어쩔 도리가 없습니다. 싸워 봐야 또 두드려 맞을 판이니 그냥 물러나는 수밖에요.

신윤복은 처음부터 싸움판을 지켜보고 있었습니다. 싸운 이들은 모두 갓을 쓴 선비입니다. 책 읽고 학문을 토론하는 고상한 선비들이 시정잡배(펀둥펀둥 놀면서 방탕한 생활을 하며 시중에 떠돌아다니는 점잖지 못한 무리)처럼 치고받고 싸우는 모습이 가관입니다. 얼마 전 새로 사귄 신윤복의 샌님 친구가 흥분한 표정으로 물었습니다.

"싸움 구경이 최고라더니 구경 한번 잘했네. 자네는 재미있지 않았나?"

"날마다 벌어지는 일인데, 뭐."

"그나저나 저기 붉은 옷을 입은 사람은 누구인가?"

"별감일세. 나는 새도 떨어뜨린다는……."

별감은 궁궐에서 일하는 관원입니다. 임금을 모시는 대전별감, 왕비를 모시는 왕비전별감(중궁전별감), 세자를 모시는 세자궁별감 등이 있지요. 별감의 옷은 화려하기로 유명합니다. 붉은색 철릭에 속에는 파란색 옷까지 받쳐 입었습니다. 머리에 쓴 노란색 초립에는 호랑이 수염을 꽂아 위엄을 부리기도 했습니다.

별감은 중인이었으나 임금이나 왕비를 가까이에서 모시다 보니 위세가 대단했습니다. 밤에 통행금지를 어기고 제멋대로 돌아다니며 사람들을 함부로 때리는 일도 허다했습니다. 사람들은 별감을 보면 지레 겁을 먹고 멀찍감치 물러섰다고들 해요. 별감이 기방을 운영하는 일도 많았습니다. 임금의 위세를 업은 데다 무술에도 능해 싸움이 잦은 기방 운영에 제격이었지요. 이 그림에서도 별감은 싸움을 벌인 사람들을 어르고 달래 가면서 뒤처리를 하는 중입니다.

신윤복은 떠들썩한 싸움판 풍경을 그림으로 잘 갈무리해 두었습니다. 이런 장면이 그림이 된다는 사실이 신기합니다. 당시에 그림이라면 으레 고상하고 아름다운 것만 그렸습니다. 신윤복은 그러한 상식을 철저히 깨뜨려 버렸습니다. 이런 까닭에 신윤복의 그림에는 새로움과 위대함이 담겨 있는 것이지요.

신윤복이 작품 활동을 시작한 때는 정조 시대였습니다. 이 시기는 세종에 이은 조선의 두 번째 전성기입니다. 농업, 상업, 공업을 비롯한 경제 분야의 발달이 눈부실 때였지요. 가장 번화가인 운종가에는 수많은 상점들이 있었습니다. 비단, 과일, 쌀, 생선, 종이, 소금, 짚신 등 온갖 생활필수품을 사고팔러 온 사람들로 북적거렸습니다. 이들을 상대로 하는 음식점, 여관, 술집도 덩달아 성행했습니다.

사실 이전 영조 임금 때에는 금주령이 있었습니다. 금주령은 술을 빚거나 파는 걸 금지하는 법입니다. 먹을 쌀도 부족한데 술까지 빚는다는 게 옳지 않아 폈던 정책이지요. 하지만 정조는 금주령을 없앴습니다. 덕분에 기방이나 술집이 더욱 번성하게 되었지요.

"그만 마시고 가세. 이러다 늦겠어."

"잠깐 기다리게. 안주 한 젓가락만 먹고."

"이 사람아, 대낮부터 무슨 술을 그렇게 많이 마시나! 위에서 찾기라도 하면 어쩌려고 그러나. 어서 가세."

"하하하! 세월이 좀먹는가? 너무 다그치지 말게나."

오늘 신윤복 일행이 들른 곳은 선술집이었습니다. 앉을 필요도 없이 서서 간단하게 술을 마시는 작은 술집이지요. 부뚜막을 앞에 두고 파란 치마를 입은 주모가 구기(물, 죽, 기름 따위를 뜰 때에 쓰는 기구)로 술을 떠서 잔에 담으려는 중입니다. 옆에서 맨상투 차림의 중노미가 지켜보고 있네요. 중노미는 음식점이나 여관 같은 곳에서 허드렛일을 하는 남자를 가리키는 말

《혜원전신첩》 중 〈주사거배 : 술을 마시려 잔을 들다〉

이에요.

술 마시는 일행은 모두 다섯 명입니다. 빨간 옷을 입은 별감 옆에 두 명, 두어 발짝 떨어진 곳에 또 두 명이 서 있습니다. 맨 오른쪽 깔때기 모자를 쓰고 까치등거리 옷을 입은 사람은 의금부 나장입니다. 의금부는 임금의 명을 받들어 중죄인을 잡아들이고 문초하는 관청입니다. 나장은 의금부에서 일하는 하급 군졸이지요. 귀양 가는 죄인을 압송하거나 문초할 때 매를 때리는 일을 도맡아 했습니다. 그러니 별감 못지않게 위세가 대단했지요. 웬만한 양반들은 나장만 봐도 벌벌 떨었답니다.

나장도 별감처럼 기방을 운영하기도 했습니다. 별감이나 나장 모두 조선시대 유흥가를 주름잡던 사람들이었지요. 이들은 서로 잘 알기에 함께 어울려 다니는 일이 잦았습니다. 낮에 마침 시간이 난 별감과 나장이 간단하게 한잔 마시려고 왔는데 별감이 연거푸 몇 잔씩 들이켭니다. 혹시 탈이 날까 염려스러운 나장은 빨리 가자고 재촉하는 중이지요.

이런 사람들과 잘 어울렸던 신윤복이 그냥 지나칠 리 있나요. 마치 사진 찍듯 선술집 모습을 그림에 담았습니다. 어떤 사람들은 이 그림을 두고 벌건 대낮에 일은 팽개치고 술을 마시는 관원들을 비판하는 내용이라고도 합니다. 한데 자세히 보면 그런 것 같지는 않습니다.

술잔을 들어 밝은 달을 맞이하고
술 항아리 끌어안고 맑은 바람을 맞는다

그림 왼쪽에 적힌 글입니다. 술 마시는 모습을 아주 낭만적으로 묘사했습니다. 비판의 눈이라고는 전혀 찾아볼 수 없습니다. 이런 사람들과 자주 어울렸던 신윤복이 잘못을 지적할 리는 없겠지요. 당시 기방이나 술집에는 어느 정도 부유함과 예술적 감각을 갖춘 사람들도 많이 드나들었습니다. 이들을 중심으로 유흥 문화가 발달하게 되었습니다. 신윤복은 사회가 변화하는 모습을 재빠르게 간파하고 그림에 담았던 겁니다.

2. 색, 조선을 물들이다

아니 놀고 어이리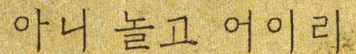

"야, 저기 진달래 좀 봐. 불이 붙은 듯 붉네."
"그러게 말이야. 어쩜 저리 고울까? 꼭 날 닮았잖아."
"무슨 소리, 날 닮았지."
"호호호, 그런가?"
양반들의 봄나들이를 따라다닌 기생들은 뭐가 그리 좋은지 연신 웃어 댑니다. 양반은 잠깐 말을 멈춰 세웠습니다.
"여보게들, 뭐가 그리도 좋은가?"
"나리, 역시 봄이 좋네요. 예쁜 꽃도 마음껏 볼 수 있고요."
"저 꽃 내가 꺾어다 줄까나? 옛날 수로 부인에게 꽃을 꺾어 바친 사람이 있었다던데, 나도 따라 하지, 뭐."
"그럼 오늘은 제가 수로 부인이 되는 건가요?"
"하하하, 그렇습죠, 마님."

양반은 일부러 허리를 깊이 숙여 보이며 맞장구를 쳤습니다. 수로 부인은 신라 때 사람입니다. 길을 가던 도중 벼랑에 핀 진달래꽃을 갖고 싶어 하자 소를 몰고 가던 노인이 꽃을 꺾어 바치면서 〈헌화가〉라는 노래를 불렀답니다.

자줏빛 바위 가에
잡고 있는 암소를 놓게 하시고
나를 아니 부끄러워하신다면
꽃을 꺾어 바치오리다

마치 〈헌화가〉 가사처럼 양반 한 명이 길옆 바위에 핀 진달래꽃 몇 송이를 뚝 꺾어 여인에게 건넸습니다. 여인은 좋아하며 머리에 꽂았습니다. 함께 있던 양반들도 덩달아 손뼉을 치며 낄낄댑니다.

진달래꽃 활짝 피는 삼짇날(음력 3월 3일) 무렵입니다. 젊은 양반들과 기생들이 서로 짝을 지어 가까운 산으로 답청을 나섰습니다. '답청'이란 봄에 파릇파릇 돋아난 풀을 밟으며 봄날을 만끽하는 놀이입니다. 겨우내 움츠렸던 마음도 꽃을 따라 활짝 피어납니다. 붉은 진달래꽃은 사람들 마음까지 붉게 물들였습니다. 한잔 술에 얼굴마저 꽃처럼 불콰해진 양반이 재미있는 놀이를 제안합니다.

"기분 좋구나! 지금부터 내가 말구종이다."

모두들 무슨 소리냐는 듯 쳐다봅니다. 말구종은 말을 타고 갈 때 앞에서 고삐를 잡고 끌거나 뒤에서 따르는 하인이에요. 아무리 장난이래도 지체 높은 양반이 천한 하인이나 하는 일을 자처하니 눈이 휘둥그레질 수밖에요. 양반은 씨익 웃더니 기생의 말을 몰던 말구종을 불러 세웠습니다.

"잠깐 섰거라."

《혜원전신첩》 중 〈연소답청 : 젊은이들이 봄나들이를 가다〉

양반은 갑자기 갓을 벗더니 말구종에게 건넸습니다. 대신 말구종이 쓰고 있던 벙거지를 휙 낚아채어 머리에 얹었습니다. 얼떨결에 갓을 받아 든 말구종은 어쩔 줄 몰라 쩔쩔맵니다. 졸지에 주인이 말구종이 되어 버린 겁니다.

"마님, 어디로 모실까요?"

말구종이 된 양반은 앞장선 여인에게 머리를 살짝 숙이고는 말고삐를 잡더니 천천히 걸어갔습니다. 여인은 순간 당황했지만 짐짓 모른 체합니다. 뒤따르던 젊은 양반도 눈치챘습니다. 보조를 맞추느라 하인 놀이에 동참합니다. 담뱃대를 두 손으로 받들어 공손히 여인에게 바칩니다.

"여기 담뱃대 대령이오."

여인은 머리를 긁적이며 못 이기는 척 담뱃대를 받아 듭니다. 이럴 때 아니면 언제 마님 대접을 받겠습니까. 가장 난처해진 사람은 말구종입니다. 차마 주인의 갓을 쓰지는 못하고 주뼛주뼛 뒤만 따라가네요. 따스한 봄날에 벌어진 진풍경, 신윤복은 바로 옆에서 지켜본 듯 모조리 화폭에 옮겼습니다.

노세 노세 매일 노세 낮도 놀고 밤도 노세
벽 위에 그린 수탉이 뒷날개 탁탁 치며, 긴 목을 늘여 훼훼 쳐 울도록 노세
인생은 아침 이슬이니 아니 놀고 어이리

노는 걸 찬미하는 조선 후기의 시조입니다. 서민들은 입에 풀칠하기도 바빠 놀이에 신경 쓸 겨를이 없었겠지만 여유 있는 양반들은 철 따라 바꿔 가며 놀이를 즐겼습니다. 봄에는 답청 놀이, 여름에는 뱃놀이, 가을에는 단풍놀이가 대표적이지요.

꽃구경이 봄이라면 여름에는 뱃놀이가 최고입니다. 지금은 한강이 서울 한복판을 가로질러 흐르는데 조선 시대에는 성 밖으로 한참이나 벗어나야 한강을 만날 수 있었습니다. 한강은 수산물을 가득 실은 배로 붐비는 삶의 현장이기도 했지만 뱃놀이를 즐기기에 더없이 좋은 곳이기도 했습니다. 여기에 배를 띄우고 경치를 감상하노라면 신선놀음이 따로 없었지요.

"어허, 강바람이 참 시원도 하구나!"

"그러네요. 배 위에서 바람을 맞으니 속까지 다 후련합니다."

파란 차일을 친 배에 여덟 명이 탔습니다. 맨 왼쪽에 상앗대(배를 나아가게 할 때 쓰는 긴 막대)를 잡은 이는 뱃사공, 가운데 대금을 연주하는 이는 종입니다. 양반집에서는 악기를 잘 다루는 종을 두어 필요할 때 부렸지요. 그렇다면 오늘 뱃놀이를 나온 사람들은 나머지 여섯, 짝을 맞춘 세 쌍의 남녀입니다.

지금 분위기는 한창 달아올랐습니다. 대금 소리, 생황 소리는 물결을 타고 오르내리는데 정작 연주를 귀 기울여 듣는 사람은 없습니다. 각자 여인들에게 수작을 거느라 정신이 없거든요. 갓을 삐딱하게 쓴 양반은 담뱃대를 여인에게 물리며 말을 건넵니다. 이미 왼손은 여인의 어깨에 슬쩍 올렸군요. 또 한 쌍은 뱃전에 기대앉았습니다. 여인은 강물에 손을 적시고 남자는 그 모습을 턱을 괸 채 바라봅니다. 어디가 그렇게 예뻐 보였는지요. 저마다 여인들의 환심을 사려고 애쓰는 중입니다. 참, 나머지 한 쌍은 어디 있을까요?

생황 부는 여인과 뒷짐 짚고 선 양반이 원래 짝입니다. 두 사람은 한 쌍인데도 멀리 떨어졌습니다. 남자 때문입니다. 허리에 맨 도포 끈이 하얀색이지요? 누군가 죽어서 상중이라는 뜻입니다. 상중에는 놀이를 삼가는 게 원칙입니다. 그런데도 이 사람은 뱃놀이를 나왔습니다. 피치 못할 사정이 있었겠지요. 놀기는 하지만 켕기나 봅니다. 다른 양반들처럼 신나게 즐기지는 못하거든요. 그림 속 커다란 바위에 이렇게 새겨 놓았습니다.

대금 소리는 늦바람 때문에 들리지 않고
갈매기는 꽃 물결 속으로 떨어지네

여인들과 노는 재미에 악기 소리가 들릴 턱이 없겠지요. 갈매기는 어디 있느냐고요? 그림 속에는 없습니다. 그림 밖 강 위를 날고 있었겠지요. 보는 사람들의 눈길을 그림 밖으로까지 확장해 주는 글입니다.

《혜원전신첩》 중 〈주유청강 : 맑은 강에서 뱃놀이를 하다〉

〈연소답청〉, 〈주유청강〉에는 여인들이 빠짐없이 등장합니다. 이들은 모두 기생입니다. 기생은 기방에서 술 시중을 들기도 했지만 크고 작은 행사에 불려 나와 노래를 부르거나 춤추고 악기도 연주했습니다. 부잣집에서는 잔치 때마다 기생들을 불러 노래와 춤으로 흥을 돋우었지요.

기생을 '해어화'라고 부릅니다. '말을 알아듣는 꽃'이라는 뜻입니다. 행사를 빛내 주는 역할을 하기도 했지만 꼼짝없이 시키는 대로만 해야 한다는 뜻이 숨었습니다. 슬퍼도 웃어야 했고 화나도 웃어야 했습니다. 억지로 불려 다니는 속마음이 편했을 리 없습니다. 화려한 그림 뒤에는 고달픈 모습도 숨겨져 있었던 겁니다.

사실 〈연소답청〉과 〈주유청강〉의 주제는 양반들의 놀이가 아닙니다. 남녀의 사랑 놀이이지요. 애써 남녀 한 쌍씩 짝지어 놓은 걸 보면 알죠. 신윤복은 이런 그림을 많이 그렸습니다. 겉으로는 놀이를 내세웠지만 바탕에는 사랑이 깔려 있습니다. 인류의 영원한 주제인 사랑이 비로소 수면 위로 떠오른 겁니다.

풍속화가는 있는 그대로 그리는 현실주의자입니다. 하지만 신윤복은 풍속을 빌려 사랑을 그렸으니 오히려 낭만주의자에 가깝습니다. 신윤복은 남녀의 사랑 놀이를 자신이 모조리 겪었던 일인 양 차곡차곡 그림첩에 갈무리해 나갔습니다. 그런 과정을 거쳐 마침내 빛나는 《혜원전신첩》이 탄생하게 된 것입니다.

일본에서 되찾아 온 국보

"이 화첩은 조선의 자존심입니다. 우리에게 넘겨주십시오."

일본 오사카에 있는 한 골동품 상점에 두 사람이 마주 앉았습니다. 한 사람은 백발이 성성한 일본인, 또 한 사람은 눈매가 초롱초롱한 조선 청년입니다. 일본 골동품 상인을 앞에 둔 청년은 또박또박 힘주어 말했습니다. 골동품 상인은 안경을 내려 쓰고서 청년의 모습을 아래위로 훑어보았습니다. 새파란 젊은이가 이런 귀한 물건을 사러 오다니, 의심 가득한 눈길이었습니다. 한참을 뜸 들인 끝에 골동품 상인이 입을 열었습니다.

"5만 원을 주시오."

턱없이 높은 값입니다. 지금 돈으로 치면 약 150억 원, 청년이 생각한 금액보다 훨씬 높았습니다. 청년은 골동품을 살 때 물건값을 깎는 경우가 거의 없었습니다. 오히려 상대편이 부른 값보다 더 비싸게 쳐줄 때가 많았지요. 물건값을 깎는 건 우리 문화재의 자존심을 해치는 일이라 여겼기 때문

입니다. 잠깐 고민에 빠져 있던 청년이 이윽고 가져온 가방을 열었습니다. 가방 안에서 꺼낸 돈은 모두 2만 5000원이었습니다. 이 정도 금액이면 충분히 화첩을 넘겨받으리라 예상하고 일본으로 건너온 터였습니다.

"제가 가지고 온 돈의 전부입니다. 화첩을 제게 주시려면 이 돈을 받고 생각이 없으면 그만두십시오."

"껄껄껄!"

일본 상인이 느닷없이 너털웃음을 터뜨렸습니다. 청년은 어리둥절한 얼굴로 바라보았습니다.

"축하하오. 지금부터 당신이 이 화첩의 주인이오."

청년의 얼굴이 환해졌습니다. 귀한 화첩을 손에 넣었다는 기쁨과 안도감 때문입니다. 국보급 문화재 한 점을 또 되찾아 왔거든요.

"고맙습니다, 돌려주셔서."

"조선의 미술품은 조선에 있어야 빛나는 법이오."
"그런데 받지도 못할 걸 왜 그렇게 비싼 값을 부르셨습니까?"
"괜히 불러 본 금액이오. 당신이 과연 이 화첩을 알아볼 수 있을까 시험해 보았소."
"제가 사지 않고 돌아가면 어쩌려고요?"
"값어치도 못 알아보는 사람에게 물건을 팔 이유는 없소이다. 이제야 화첩이 제대로 임자를 만났나 보오."

이렇게 건네받은 화첩이 바로 신윤복의 《혜원전신첩》입니다. 신윤복이 세상을 떠난 지 약 100년 뒤인 1934년 겨울이었습니다. 비싼 값을 치르고 화첩을 되찾은 사람은 29세의 조선 청년 간송 전형필이지요.

전형필은 일제 강점기 무렵 큰 부잣집 아들로 태어났습니다. 조선이 일본의 식민지가 되자 소중한 우리 문화재를 일본인들이 가져가기 시작했습니다. 이를 안타까워한 전형필은 일본인들의 손에 있던 문화재를 되사기 시작했습니다. 전형필은 평생 동안 전 재산을 털어 우리 문화재를 사들였습니다. 이 중에는 지금 국보와 보물로 지정된 문화재가 수두룩합니다. 만약 전형필이 없었다면 아직도 일본에 있을 우리 문화재가 많았겠지요. 전형필은 되찾은 문화재를 보존하기 위해 보화각(지금의 간송미술관)을 세웠습니다. 지금도 간송미술관에는 귀한 우리 문화재가 많이 보관되어 있습니다. 《혜원전신첩》도 그중 하나입니다.

《혜원전신첩》은 신윤복이 그린 풍속화를 모아 놓은 그림첩입니다. 여기에는 30점의 풍속화가 들었습니다. 우리 눈에 낯익은 〈단오풍정〉, 〈월하정인〉, 〈월야밀회〉, 〈기방난투〉, 〈쌍검대무〉, 〈주유청강〉, 〈연소답청〉, 〈소년전홍〉, 〈청금상련〉, 〈청루소일〉, 〈이부탐춘〉, 〈무녀신무〉, 〈노상탁발〉, 〈주사거배〉……. 모두 《혜원전신첩》에 실려 있는 작품이지요. 현재 남아 있는 신윤복의 작품을 모으면 50점쯤 됩니다. 그중 《혜원전신첩》에 30점이 있으니 굉장히 큰 비중을 차지하지요. 《혜원전신첩》은 작품 수나 내용에 있어서 신윤복 그림의 전부라 해도 지나친 말이 아닙니다. 현재 이 화첩은 국보 제135호로 지정되어 있습니다.

《혜원전신첩》에는 신윤복 작품의 특징이 고스란히 담겨 있습니다. 또 조선 후기의 다양한 생활 풍속도 등장합니다. 양반들의 화려한 놀이, 여인들이 믿던 종교, 기방의 풍속과 기생의 모습, 남녀의 노골적인 애정 표현까지. 특히 남녀의 사랑에 관한 파격적인 내용이 많습니다. 몇몇 작품은 어린

이들이 보기엔 불편한 것도 사실입니다. 남녀의 사랑을 너무 적나라하게 표현했기 때문입니다. 과연 신윤복이 도화서에서 배겨 낼 수 없었을 거라는 생각이 절로 듭니다. 한편으로는 이런 그림을 내심 반긴 사람도 있었을 겁니다. 사람이라면 누구나 호기심을 가질 만한 내용이니까요. 찾는 사람이 아예 없었다면 신윤복도 굳이 그릴 필요가 없었겠지요.

그림을 그린 방법에서도 신윤복만의 개성이 잘 드러납니다. 굵은 선으로 그리는 다른 화가들과 달리 신윤복은 가늘고 섬세한 선을 썼습니다. 그러다 보니 인물의 표정과 동작, 옷차림까지 사진 이상으로 생생합니다. 요즘 조선 시대의 옷차림을 연구하는 학자들 대부분이 《혜원전신첩》 신세를 지고 있지요.

《혜원전신첩》이라는 이름이 참 독특합니다. 풍속화첩은 보통 《○○풍속화첩》으로 부르거든요. 김홍도의 《단원풍속도첩》처럼 말이지요. '전신'은 원래 초상화를 그릴 때 쓰는 말입니다. 생김새는 물론 사람의 마음까지 그려 냈다는 뜻이지요. 신윤복의 풍속화도 인물의 심리를 매우 잘 그려 냈기에 '전신첩'이라고 이름 붙은 것입니다. 실제로 《혜원전신첩》을 보고 있노라면 그림 속 사람들이 금방이라도 말을 걸어올 것처럼 생생합니다. 가늘고 섬세한 선이 인물의 심리를 더욱 꼼꼼하게 표현하고 있으니까요.

무엇보다 중요한 특징은 화려한 색을 과감하게 썼다는 점입니다. 〈단오풍정〉의 노란 저고리와 빨간 치마, 〈기방난투〉와 〈주사거배〉의 붉은 철릭, 〈무녀신무〉의 붉은색 철릭(도포보다 활동하기 편하고 일정한 품위를 갖춘 옷. 무인들이나 별감, 무당 등이 입었다)과 연두색 장옷(옛날 여자가 바깥나들이를 할 때 얼굴을 가리기 위해 머리에서부터 길게 내리 쓰던 옷), 〈쌍검대무〉의 붉은 치마와 파란 치마, 〈연소답청〉의 파란 치마와 연두색 저고리, 붉은 꽃……. 어느 풍속화에서는 보기 드문 화려한 색깔의 잔치입니다.

파랑, 빨강, 노랑, 검정, 하양, 이를 '오방색'이라 했습니다. 사실 우리나라에는 화려한 원색을 쓰는 전통이 있었습니다. 고구려 고분 벽화에도 아낌없이 쓴 오방색이 보이거든요. 그런데 조선 시대에 들어와서는 궁궐이나 절의 특별한 그림에만 사용하게 되었습니다. 화려한 색깔이 검소함을 미덕으로 삼는 선비들의 구미에 맞지 않았기 때문이지요.

그러나 신윤복은 과감하게 색깔을 사용했습니다. 신윤복이 즐겨 그린 여인들과 화려한 색깔은 뗄 수 없는 관계이니까요. 잊혀 가던 조선의 색이 신윤복을 만나 되살아났습니다. 그림마다 펼쳐지는 화려한 색깔의 향연은 조선 사람들의 마음까지 물들이기에 충분했습니다. 그렇기에 신윤복을 '색채의 마술사'라고도 하는 거지요.

신윤복이 〈바람의 화원〉이라는 드라마에서 여인으로 그려졌다고 앞에서 이야기했습니다. 이건 신윤복의 화풍과도 어느 정도 관련이 있습니다. 《혜원전신첩》에서 보이는 섬세한 표현과 화사한 색깔은 여성들이 호감을 가질 만한 특징이거든요. 이런 표현법이 신윤복을 여자로 여기게끔 하는 데 한몫 톡톡히 했지요.

신윤복은 조선의 풍속을 섬세하고도 아름답게 그린 풍속화가이다.

일본의 학자 세키노 다다시의 말입니다. 사실 신윤복에 대해서는 우리나라보다 일본에서 먼저 열광했습니다. 신윤복 특유의 섬세한 선과 화사한 색깔이 일본 사람들 입맛에 맞았기 때문입니다. 《혜원전신첩》은 꼭꼭 숨겨져 있다가 일제 강점기에 일본 사람들에 의해 공개되었습니다. 《혜원전신첩》이 아니었다면 신윤복이라는 이름도 지금처럼 널리 알려지지는 않았을 겁니다. 지금 일본에서 한류가 유행하는데 신윤복은 이보다 훨씬 앞서 한류를 주도한 예술가였지요.

이 화첩에 실린 그림들을 신윤복이 언제 그렸는지는 모릅니다. 한꺼번에 30점 모두를 그렸을 수도 있고 여러 해에 걸쳐 그린 그림을 모아 놓았을 수도 있거든요. 언제 그렸는지 안다면 신윤복의 작품 세계를 연구하는 데 많은 도움이 될 터인데 좀 아쉽습니다. 《혜원전신첩》은 〈미인도〉와 더불어 신윤복을 대표하는 작품으로 남았습니다.

칼춤 추는 여인들

"혜원, 자네를 보자는 어른이 있네."
"이번에는 또 누군가?"
"우리와 같은 중인일세. 청나라와 무역해서 돈 많이 벌었지. 지금은 한양 한복판에 대궐 같은 집을 지어 놓고 떵떵거리며 산다네."
"부잣집 어른이 왜 날 찾아? 괜히 겁부터 나는데."
"나하고 잘 아는 사이야. 일부러 자넬 소개했으니 시간 좀 내주게."
신윤복과 친하게 지내던 친구가 부탁을 해 왔습니다. 체구는 작지만 말솜씨가 좋은 데다 마당발이라 모르는 사람이 없는 친구였지요. 신윤복은 이 친구 소개로 여기저기 불려 다니며 놀기도 하고 그림도 그려 주었습니다. 이번에 소개 받은 사람은 나이가 제법 들어 보이고 인상이 좋았습니다.
"자네가 신윤복인가?"
"예."

"듣던 대로 얼굴도 아주 훤하구먼. 여인들이 줄줄 따르게 생겼네그려, 허허허."

주인은 만나자마자 우스갯소리를 던졌습니다. 신윤복은 멋쩍어 괜히 따라 웃었습니다.

"무슨 일로 저를 찾으셨는지요?"

"무슨 일이긴. 자네 같은 화원을 부른 까닭이야 뻔하지. 그림 부탁 말고 또 뭐가 있겠는가, 에헴."

주인은 헛기침을 하고는 말을 이어 갔습니다.

"귀한 손님 한 분을 초대해 잔치를 벌일 참이네. 소리꾼과 악공도 부르고 무희들이 와서 춤도 출 걸세. 그걸 그림으로 남겨 손님에게 선물하고 싶은데 자네가 맡아 주었으면 하네."

"하필 저 같은 이름 없는 화원을……."

"소문 들었네. 이런 그림은 자네가 최고라고. 특별히 부탁하는 것이니 소홀함이 없도록 해 주게."

잔치는 부잣집 마당에서 벌어졌습니다. 커다란

차일이 세워지고 반듯한 돗자리들이 쫙 깔렸습니다. 오랜만에 벌어지는 큰 잔치라 손님들은 몹시 들떠 있습니다. 음식과 술을 담은 상이 분주히 오갔습니다. 사람들은 마음껏 먹고 마시며 흥을 즐겼습니다. 분위기가 무르익자 주인이 일어섰습니다.

"좌의정 대감을 모시고 잔치를 벌이게 되어 영광입니다. 술과 음식은 많이들 드셨는지요? 혀와 입이 즐거웠다면 이제 눈과 귀가 즐거울 차례입니다. 흥겨운 놀이판이 펼쳐질 테니 즐겁게 봐 주십시오."

소리꾼의 창과 악공들의 흥겨운 연주가 몇 차례 이어졌습니다. 순서가 끝날 때마다 박수 소리가 그칠 줄 몰랐습니다. 이날 잔치의 절정은 검무(칼춤)였습니다. 각각 빨간 치마와 파란 치마를 입은 무희 두 명이 양손에 쌍검을 들고 나섰습니다. 무희들은 삼현 육각(피리 둘, 대금, 해금, 장구, 북 등 여섯 악기로 이루어진 연주)에 맞춰 신들린 듯 춤추었습니다. 정말 칼싸움이라도 하듯 격렬한 동작이었습니다. 칼날이 바람을 가르는 소리와 치맛자락 펄럭이는 소리가 높아지자 보는 사람들도 넋이 빠졌습니다.

"와!"

"짝짝짝!"

여기저기에서 박수와 함성이 터져 나왔습니다. 신윤복은 악공들 바로 뒤에 앉아 하얀 종이 위에 유탄(버드나무를 태워서 만든 숯으로, 밑그림을 그리는 데 쓰인다)으로 빠르게 밑그림을 그려 나갔습니다. 대강 밑그림을 그려 두어야만 나중에 세밀한 선을 긋고 색도 입힐 수 있거든요.

신윤복은 화폭을 위, 가운데, 아래, 이렇게 세 단으로 나누어 칼춤 추는 장면을 그렸습니다. 맨 위쪽에는 초대 손님을 비롯한 주인 가족을 그렸습니다. 왼쪽의 파란 테두리를 두른 돗자리에 앉은 사람이 주빈(가장 중요한 손님)입니다. 장침에 등을 비스듬히 기대고 편안히 앉았군요. 당상관 벼슬아치답게 자주색 도포 끈을 매었습니다. 담뱃대와 재떨이를 앞에 놓고 구경하는 모습에 여유와 기세가 넘칩니다.

주인은 한 발짝 떨어진 옆에 앉았습니다. 높으신 분 앞이라 편안한 모습은 아니군요. 양손을 모아 살포시 무릎을 잡았습니다. 칼춤 보는 것도 좋지만 초대한 손님의 안색을 살피는 일이 더 중요합니다. 아무리 무희들이 춤을 잘 추어도 손님이 즐거워하지 않으면 소용없으니까요. 주인 옆에 앉은 두 명의 여인과 젊은이들도 보입니다. 구경꾼들이 많았으나 주빈과 주인을 돋보이게 하려고 모두 생략했습니다.

맨 아래쪽에는 악공들을 배치했습니다. 오른쪽부터 북, 장구, 대금, 피리 둘, 그리고 해금입니다. 각자 편안한 자세로 악기를 연주하는 중입니다.

《혜원전신첩》 중 〈쌍검대무 : 양손에 칼을 들고 마주 서서 춤추다〉

가장 앞쪽에 있지만 그리 중요한 인물들은 아니니 좀 작게 그렸습니다.

무희들은 가운데에 자리를 잡았습니다. 빨간색 치마와 파란색 치마의 대비가 뚜렷합니다. 초대된 손님이 아무리 귀해도 칼춤의 주인공은 무희들이니 크게 그렸습니다. 마치 무술의 고수처럼 취한 동작이 인상적입니다. 전체적으로 역동적인 칼춤 장면, 흥겨운 음악 소리, 이를 바라보는 사람들의 모습을 균형 잡힌 시각으로 잘 잡아냈습니다. 신윤복은 그림을 주인에게 건네주었습니다. 이 정도면 충분히 손님 마음에 들겠다 싶었지요. 이렇게 나온 그림이 〈쌍검대무〉입니다.

"허허, 과연 소문대로군. 대감 입이 귀에 걸리겠어."

신윤복이 풍속화를 잘 그린다는 소문은 소리 없이 번져 갔습니다. 큰 잔치가 벌어지면 신윤복을 찾는 일이 점점 많아졌습니다. 신윤복은 이런 종류의 풍속화를 그리는 전문 화가로 자리 잡아 가고 있었습니다. 양반들만의 은밀한 놀이를 즐길 때도 신윤복을 불렀습니다. 양반들 사이에서 즐겁게 놀고 그 모습을 그려 자랑삼아 다른 양반들에게 보여 주는 게 유행이었거든요. 그걸 본 사람들은 더 재미있게 놀려고 애를 쓰기도 했지요.

무더위가 막 시작되는 여름에 찾은 곳도 지체 높은 양반집이었습니다. 사랑채와 좀 떨어진 뒤뜰에는 또 다른 별세계가 펼쳐져 있었습니다. 반듯한 돌을 두 단으로 쌓아 나무를 가꿔 놓은 모습이 참 아름다웠습니다. 한가운데에는 네모나게 연못까지 파 놓았습니다. 연못 속 연꽃이 막 봉오리를 피우고 있었습니다. 바로 〈청금상련〉의 배경이지요.

조선 시대 양반들은 풍류를 즐겼습니다. 산 좋고 물 좋은 곳을 찾아가 시도 짓고 음악과 춤을 즐기며 노는 일을 '풍류'라고 하지요. 봄에 매화꽃, 여름에 연꽃, 가을에 국화가 피면 꽃을 감상하려고 풍류를 즐기곤 했습니다. 이번에는 여름이니 연꽃을 감상하려고 모임을 가졌겠지요.

악기 잘 다루는 여인 셋도 와 있었습니다. 남자가 세 명이니 짝을 맞춘 게지요. 오늘 모임의 좌장(모임의 중심이 되는 사람)은 가운데 앉았습니다. 역시 붉은색 도포 끈을 매었군요. 상당히 지체 높은 양반입니다. 장침에 비스듬히 기댄 채 담뱃대를 문 모습이 〈쌍검대무〉의 주빈과 비슷합니다.

앞에 종처럼 생긴 물건은 화로입니다. 담뱃불을 붙일 때 사용하는 도구이지요. 신윤복의 그림에는 담뱃대를 든 모습이 참 많습니다. 지금이야 흡연이 건강에 해롭다고 알려져 너도나도 끊는다고 난리이지만 조선 시대에는 굉장히 유행했었습니다. 담배를 피우면 배앓이를 하지 않아 건강에 좋다는 소문까지 돌았으니까요. 이때 사용했던 담뱃대는 너무 길어서 혼자서는 불을 붙일 수 없었습니다. 양반들은 연동(담뱃불을 붙여 주는 어린 하인)을 따로 두기도 했지요.

양반은 지금 가야금 소리 삼매경에 푹 빠졌습니다. 사람의 귀를 순하게 해 준다는 악기 연주는 풍류 모임의 단골이었지요. 대금, 생황, 가야금, 거문고, 피리……. 물론 스스로 악기를 연주하는 양반들이 있긴 했지만 더 좋은 연주를 들으려면 전문가가 필요했습니다. 그 역할을 맡은 사람이 그림에 나오는 여인, 기생들입니다.

《혜원전신첩》 중 〈청금상련 : 가야금 연주를 들으며 연꽃을 감상하다〉

기생들은 행사 때 음식이나 술 시중을 드는 일 말고도 할 일이 있었습니다. 노래와 악기, 춤으로 흥을 돋우어 주는 일이지요. 그러니 궁궐은 물론 부잣집에도 자주 불려 다녔습니다. 사실 지체 높은 양반들은 직접 기방을 찾는 일이 드물었습니다. 기방에서는 싸움판이 자주 벌어졌고 양반들이 드나드는 모습이 보기에도 안 좋았기 때문입니다. 이렇게 양반집으로 불려 다니는 기생들은 사례로 돈이나 물건을 받았습니다. 이를 '전두', '연폐'라고 하지요. 전두나 연폐를 많이 받으려면 음악과 춤 솜씨가 뛰어나야 했습니다. 그래서 기방에서 수시로 연습을 하곤 했지요. 신윤복의 또 다른 그림 〈거문고 줄 고르기〉가 이를 잘 보여 줍니다.

　다시 〈청금상련〉 그림으로 돌아가 봅시다. 왼쪽에 여인을 끌어안은 사람이 보입니다. 집에서 쓰는 모자인 사방건을 옆에 벗어 놓은 걸 보니 집주인입니다. 여인을 끌어안고 노는 건 기방에서나 있는 일인 줄 알았는데 양반네들 집 뒤뜰에서도 벌어지는군요. 연꽃을 감상하고 가야금 연주를 듣는

《여속도첩》 중 〈거문고 줄 고르기〉

고상한 모임이라면 이런 장면은 빼도 될 터인데 신윤복은 굳이 그려 넣었습니다. 모임의 분위기를 생생하게 되살리려는 의도입니다. 덕분에 밋밋할 뻔했던 그림이 확 살아났지요. 신윤복 그림에서만 볼 수 있는 대담한 장면입니다. 그래도 손님을 초대한 주인이 저러고 있으니 과히 보기 좋지는 않군요. 그렇다고 신윤복이 양반들을 비판하려는 뜻은 아니었습니다.

자리에는 손님들이 가득 차 있고
술 단지에는 술이 비지 않으니 (나는 걱정할 게 없다)

그림 속에 적힌 글입니다. 옛날 중국 사람이 지은 시를 베껴 쓴 건데 양반들을 비판하려는 뜻은 전혀 들어 있지 않습니다. 오히려 당당하고 자부심 넘치는 내용이지요. 이 그림도 변하고 있는 시대의 모습을 잘 반영했습니다. 자칫 타락한 모습으로까지 비춰질 수 있는 양반들의 은밀한 생활도 그림의 소재가 되기 시작한 거지요. 산이나 강, 꽃이나 동물 같은 아름다운 자연물에 대한 관심이 인간의 삶으로 옮겨 갔습니다. 사람들의 생활 모습도 자연물 못지않게 가치 있다는 생각이 널리 퍼진 겁니다. 신윤복의 풍속화도 이런 시대의 흐름을 잘 반영한 그림입니다.

조선의 풍속화

풍속화는 그 시대 사람들의 생활 모습을 그린 그림입니다. 아득한 선사 시대의 암각화(바위에 새긴 그림)나 고구려 고분 벽화에도 보이니 풍속화의 역사는 매우 오래되었지요. 풍속화는 조선 시대에 들어와서 크게 유행했습니다.

사실 조선 초기에는 풍속화를 잘 그리지 않았습니다. 사람들의 생활 모습은 그림의 대상이 아니라고 여겼지요. 풍속화를 무시하던 분위기는 그 이름에서도 드러납니다. 조선 시대에는 풍속화를 '속화'라고 불렀습니다. 속화에는 '저속한 그림', '수준 낮은 그림'이라는 뜻도 포함되어 있습니다. 그러니 산수화나 사군자 같은 그림에 비해 좋은 대우를 받지 못했습니다. 그러나 세월이 지남에 따라 이런 생각도 변하기 시작했습니다. 사람들이 살아가는 모습도 소중하다는 생각이 싹트기 시작한 것이지요.

풍속화의 싹을 틔운 사람은 선비 화가 윤두서입니다. 윤두서는 신윤복

〈나물 캐는 여인〉 윤두서, 18세기 초반

보다 100년 정도 앞서 태어났습니다. 학자였지만 벼슬길을 단념하고 평생 그림에 정을 붙이고 살았지요.

윤두서는 그림을 그릴 때 관찰을 매우 중요하게 여겼습니다. 동물 그림이라도 그릴라치면 며칠씩 자세한 모습과 행동을 관찰한 다음에야 비로소 붓을 들었답니다. 윤두서는 정이 참 많았습니다. 나이가 적거나 하인이라고 함부로 대하지 않았어요. 사람을 소중하게 생각하는 마음이 풍속화에 관심을 쏟게 했습니다. 윤두서의 풍속화는 사실적인 그림 솜씨와 사람에 대한 애정이 맞물려 탄생한 그림이지요.

윤두서는 〈나물 캐는 여인〉, 〈목기 깎기〉, 〈짚신 삼기〉, 〈돌 깨는 석공〉 등의 풍속화를 남겼습니다. 하지만 풍속화의 초보 단계인 만큼 서툰 점도 많았습니다. 산수화를 그리던 습관이 남아 있어 필선이 딱딱했고 사람들의 표정도 살아 있지는 않았습니다.

풍속화는 조영석을 거치며 좀 더 부드럽게 다듬어집니다. 조영석은 윤두서보다 20년쯤 늦게 태어났습니다. 역시 선비 화가였는데 초상화를 잘 그렸습니다. 사람을 제대로 그릴 실력이 되어야만 풍속화도 그릴 수 있지요. 조영석은 어진을 그리는 작업에서 감독을 맡기도 했습니다. 조영석 역시 사실적인 그림을 중요하게 생각했지요. 남의 그림을 보고 옮겨 그리는 것은 잘못이며 사람이든 동물이든 직접 보고 그려야만 살아 있는 그림이 된다는 말도 했습니다.

조영석은 《사제첩》이라는 그림첩을 남겼습니다. 여기에 〈바느질〉, 〈새참〉, 〈목기 깎기〉, 〈우유 짜기〉 등 10여 점의 풍속화가 있습니다. 조영석의 풍속화는 윤두서보다 한 단계 성숙한 모습을 보여 줍니다. 특히 인물의 표정을 살아 있는 듯 생생하게 표현했습니다. 《사제첩》 표지에는 "남에게 보여 주지 마라. 이를 어기면 내 후손이 아니다."라는 경고문이 적혀 있습니다. 여전히 풍속화는 남에게 자랑할 만큼 바람직한 그림은 아니었던 거예요.

뒤이어 풍속화의 꽃을 피운 사람이 김홍도, 신윤복입니다. 두 사람은 비슷한 시기에 활동했지만 김홍도가 10~15년 정도 앞서 태어났습니다. 두 사람은 이전 화가들과는 차원이 다른 솜씨로 풍속화가 조선 후기의 대표적인 그림이 되도록 확실한 자리매김을 했습니다. 두 사람의 활동으로 어찌나 풍속화가 유행했는지 정조 임금조차도 도화서 화원 시험에 '나를 껄껄 웃게 만들 수 있는 풍속화를 그려라.'라는 문제를 내기도 했지요. 하지만 두 사람의 삶과 화풍은 전혀 딴판입니다.

김홍도는 나라 안에서 최고의 솜씨를 자랑하며 이름을 떨쳤습니다. 일찍이 도화서에 들어가 활동하다가 세 번이나 어진 화사로 뽑혔습니다. 나중에는 임금의 직속 화가인 차비대령화원(왕의 그림 명령을 수행하기 위해 도화서에서 실력으로 가려 뽑은 화원)에서도 열외시켜 소소한 일을 면제해 주는 등 특별 대우를 받기도 했지요. 정조 임금은 자신이 지은 책에 "그림에 관한 일이라면 모두 김홍도에게 맡겼다."라고 썼습니다. 김홍도는 중인 출신이지만 현감 벼슬까지 하며 당당한 선비 화가로 대접받았지요. 반면 신윤복은 도화서를 박차고 나와 떠돌이 생활로 삶을 마쳤습니다.

화풍도 전혀 다릅니다. 두 사람의 대표 풍속화첩인 《단원풍속도첩》과 《혜원전신첩》만 보아도 그 특징이 잘 드러납니다. 김홍도는 소탈하고 익살맞은 내용의 서민 생활을 그렸습니다. 농업, 상업, 어업, 길쌈 등 사람들이 먹고 살아가는 모습이 중심입니다. 색깔을 거의 쓰지 않고 배경 그림도 없지요. 김홍도는 대상의 특징을 잡아 굵은 선으로 빠르게 그렸습니다. 얼굴마다 웃고 울고 화내는 표정이 확실하게 드러납니다. 대부분 내용이 명확하여 무얼 하는지 대번에 알 수 있는 그림이지요.

〈말징 박기〉 조영석, 18세기 중반

《단원풍속도첩》 중 〈타작〉 김홍도

　신윤복의 그림은 양반과 여인 모습이 대부분입니다. 양반들과 여인들이 어울려 놀거나 서로 사랑하는 내용이 중심이지요. 김홍도와 달리 배경 그림이 있으며 가는 선으로 자세히 그리고 색깔도 입혔습니다. 김홍도가 구도에 신경을 썼다면 신윤복은 배경에 신경을 썼습니다. 신윤복의 그림 가운데는 봐도 무슨 내용인지 잘 모르는 것도 있습니다.
　두 사람은 서로 잘 알고 있었을 가능성이 많습니다. 나이 차이는 좀 나긴 했지만 같은 시대를 살았으니까요. 더구나 신윤복의 아버지 신한평과 김홍도가 함께 일을 했다는 기록이 많습니다. 아버지를 통해서라도 서로 만났던 적이 있었겠지요. 그래서인지 신윤복의 그림에 김홍도의 화풍이 조금씩 엿보이기도 합니다. 신윤복이 도화서에 잠깐 몸을 담았다면 김홍도의 그림을 보고 배웠을 가능성이 많지요.

두 사람의 호에는 비슷하게 '원' 자가 들어가기도 합니다. 김홍도는 단원, 신윤복은 혜원입니다. 단원은 '박달나무가 있는 정원'이라는 뜻입니다. 김홍도의 그림처럼 우직하고 단단한 느낌을 주지요. 혜원은 '혜초가 있는 정원'이라는 뜻입니다. 혜초는 난초의 일종인데 아마도 신윤복이 김홍도를 닮겠다는 뜻에서 같은 '원' 자를 넣었나 봅니다. 조선 후기의 화가 장승업의 호도 '오원'입니다. 김홍도와 신윤복 모두 '원' 자를 쓰니 자신의 호에도 '원' 자를 넣었다고 합니다. 그만큼 김홍도와 신윤복의 솜씨가 뛰어났다는 걸 말해 주는 이야기이지요.

신윤복, 김홍도와 더불어 김득신도 눈여겨볼 만합니다. 흔히 세 사람을 가리켜 '조선 시대 3대 풍속화가'라고 부릅니다. 김득신은 김홍도보다 아홉 살 아래이고 신윤복과는 비슷한 나이이니 서로 잘 알고 지냈을지도 모르겠네요.

김득신의 작품은 김홍도와 분위기가 매우 비슷합니다. 하지만 김홍도와는 또 다른 맛이 있습니다. 어떤 점에서는 한 수 위라고 할 정도이지요. 〈야묘도추〉에서는 마치 영화를 보듯 빠른 속도감이 느껴집니다. 재미있는 이야

〈야묘도추 : 들고양이가 병아리를 채 가다〉 김득신

 기를 끄집어낼 수도 있습니다. 김득신의 집안도 전통적인 명문 화원 가문입니다. 큰아버지 김응환, 동생 김석신, 김양신, 아들 김하종 등이 모두 뛰어난 화원으로, 많은 활동을 했거든요. 김득신은 〈야묘도추〉, 〈대장간〉, 〈투전〉, 〈짚신 삼기〉 등의 풍속화를 남겼습니다.
 풍속화는 사람들의 생활 모습을 예술의 대상으로 삼았다는 점에서 획기적입니다. 활기찬 시대상과 맞물려 대단히 유행했으며 솜씨가 뛰어난 풍속화가는 많은 인기를 끌었지요. 풍속화는 겸재 정선이 창안한 진경산수화와 더불어 조선 후기 미술사를 빛낸 값진 그림입니다.

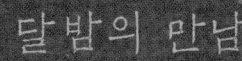 달밤의 만남

"뭐라고? 아버지께서 귀양을?"
기방에 들어서자마자 친구에게 들은 소식에 신윤복은 깜짝 놀랐습니다. 친구는 신윤복을 만나려고 초저녁부터 기방에서 기다리고 있었습니다.
"무슨 까닭으로? 어서 말해 보게."
신윤복은 다급한 마음으로 채근했습니다.
"아, 글쎄, 그게 말일세."
벌써 두어 달 전에 벌어진 일이었습니다. 친구는 주섬주섬 이야기를 꺼냈습니다.
도화서 화원들은 정기적으로 시험을 칩니다. 시험 성적이 좋으면 상을 받고 그렇지 않으면 벌을 받거나 심지어 귀양을 가기도 했지요. 젊거나 나이 들었거나 시험에는 예외가 없었습니다. 신한평도 여느 때처럼 시험을 보았습니다. 그날 과제는 자신이 그리고 싶은 대로 그리는 것이었습니다. 늘 치르던 시험이라 신한평은 별 생각 없이 평소에 그리던 대로 산수화 한 점을 그렸는데 이게 정조 임금의 화를 돋우었습니다.

"이걸 그림이라 그렸느냐! 화원 신한평과 이종현은 '책가도'를 그려야 마땅하거늘 되지도 않는 이따위 그림을 그리다니 실로 괘씸하다. 두 사람 모두 먼 곳으로 귀양을 보내라."

'책가도'는 '책거리 그림'이라고도 합니다. 책이나 공부와 관련된 문방구를 그린 그림을 말하지요. 처음 청나라에서 시작되어 조선으로 건너와 선비들 사이에 유행했습니다. 책과 학문을 숭상했던 당시 사회 분위기와 맞아떨어진 거지요. 누구보다도 학문을 강조했던 정조 임금은 화원들로 하여금 '책거리 그림'을 많이 그리도록 했습니다. 심지어 임금이 앉던 용상 뒤에 꼭 놓여야 할 '일월오봉도 병풍' 대신 '책거리 그림'을 세워 놓을 정도였지요. 이번 시험에도 마땅히 '책거리 그림'을 그릴 줄 알았는데 신한평과 이종현이 다른 그림을 그린 것입니다. 임금의 마음을 헤아리지 못한 거예요.

〈책가도 병풍〉 작자 미상

이때가 1788년 9월, 신한평의 나이 63세, 신윤복은 갓 서른이 지났을 무렵입니다. 정조 임금의 명령은 추상같았습니다. 신한평은 꼼짝없이 먼 곳으로 귀양을 떠나게 되었습니다. 신윤복은 이곳저곳 떠돌아다니면서도 바람결에 들려오는 집안 소식에 귀를 쫑긋 세워 두곤 했는데, 잘 계시리라 믿었던 아버지에게 날벼락이 떨어졌습니다. 괜히 자신의 잘못인 것만 같아 죄송스러웠습니다. 혹시라도 아들이 이상한 그림을 그린다는 소문이 임금의 귀에 들어가 애먼 아버지가 곤욕을 치르는가 싶었던 거지요.

하지만 이런 좋지 않은 소식에도 신윤복은 아랑곳없이 작품 활동을 이어 갔습니다. 실제로 신윤복이 아버지를 위해 할 수 있는 일은 아무것도 없었으니까요. 그저 좋은 소식이 들려오길 기다리는 수밖에요.

이즈음 신윤복이 관심을 두었던 주제는 사랑이었습니다. 사실 고려 시대만 하더라도 남녀의 만남이 조선 시대보다는 오히려 자유로웠습니다. 시나 그림으로 표현하는 것도 자연스런 일이었지요. 그런데 조선의 선비들은 다 큰 남녀가 서로 만나는 일 자체를 금기시했습니다. 아름다운 풍속을 해친다는 이유에서입니다. 그러니 문학이나 미술에서도 이런 장면들이 자취를 감추었지요. 신윤복은 잊혀 가던 사랑이라는 주제를 되살려 내었습니다.

"초저녁에 만났는데 벌써 새벽이라니 시간이 화살처럼 빠르네요."

"내 마음도 그렇소. 뜨는 해가 야속할 따름이오."

"언제 또 볼 수 있나요?"

"내 금방 또 오리다."

어디선가 새벽닭이 웁니다. 동쪽 하늘이 희미하게 밝아 옵니다. 하늘엔 미처 지지 못한 손톱달이 낮게 떠 있습니다.

담장 옆 으슥한 골목에 두 남녀가 서 있습니다. 여인은 쓰개치마를 푹 덮어쓰고 얼굴만 내놓았습니다. 삼회장저고리(소매끝동, 깃과 고름, 곁마기에 다른 색 천을 장식으로 댄 여자 한복 저고리), 옥색 치마에 날렵한 갓신을 신었습니다. 사랑하는 연인을 만난다고 멋을 잔뜩 부렸군요. 쓰개치마 속으로 얼핏 보이는 얼굴이 곱습니다.

마주 선 남자는 갓을 썼습니다. 얼굴에 수염이 없는 걸 보니 채 스무 살이 넘지 않았습니다. 여인 못지않게 잘생긴 청년입니다. 다린 듯 빳빳한 두루마기에 신발 역시 하늘로 날아오를 듯 맵시 있습니다.

　사방이 아직 어둡지만 누가 볼세라 서로 조심하는 태도가 역력합니다. 남자 손에 들린 등불이 어둠을 밝혀 줄 뿐입니다. 두 사람은 매우 좋아하는 사이임에 틀림없습니다. 그러니 이렇게 밤새도록 만나고 있겠지요. 벌건 대낮에 만났다가는 경치기 십상입니다. '남녀칠세부동석'이라는 말처럼 조선 사회에서는 남녀의 공개적인 만남을 금기로 여겼으니까요.

《혜원전신첩》 중 〈월하정인 : 달빛 아래 다정한 연인〉

> 달빛 으스름한 한밤중
> 두 사람 마음은 두 사람만 알겠지

담벼락에 적힌 글입니다. 한밤중에 몰래 만나 사랑을 나누는 두 사람의 마음을 잘 표현했습니다. 그런데 달콤함도 잠깐, 시간은 쏜살처럼 흘러가 헤어질 때가 되었습니다. 위로 볼록한 손톱달이 이별을 재촉합니다. 못내 아쉬운 남자는 허리춤에서 무엇인가 꺼내려 합니다. 훗날 만나자는 정표는 아닐는지요.

조선 시대에는 남녀의 만남을 금기시했으니 남의 눈을 피해 몰래 만나는 일 또한 흔했습니다. 남녀가 서로 좋아하는 것은 본능이니까요. 신윤복의 눈에는 금기를 어겨 가면서까지 사랑을 찾는 남녀의 모습이 너무도 당연했습니다. 그래서 이런 남녀의 만남을 아낌없이 화폭에 담아 〈월하정인〉이라는 그림으로 남겼지요.

"딱딱, 딱 딱!"
"멍멍, 멍멍멍."

멀리서 순라군들의 딱따기 소리가 들려오는 밤입니다. 순라군은 도둑과 화재를 예방하기 위해 밤에 궁궐과 도성 안팎을 순찰하던 군졸이지요. 순찰을 돌 때 딱따기라고 하는 두 짝의 나무토막을 서로 마주 쳐서 딱딱 소리를 내며 신호를 했습니다.

그 바람에 개들이 놀라 짖어 대는 소리도 섞여 옵니다. 하늘에는 보름달

《혜원전신첩》 중 〈월야밀회 : 한밤중에 몰래 만나다〉

이 밝게 떴습니다. 역시 으슥한 골목길에 두 남녀가 서 있군요. 어쩌지요. 서로 껴안고 입맞춤까지 하려는 모양인데, 아무리 컴컴한 밤이라지만 조선시대에 저래도 되는 걸까요?

남자는 포교(포도부장)입니다. 포졸들을 지휘하는 책임자이지요. 그래서 왼손에 포졸들이 드는 육모 방망이 대신 쇠도리깨가 들려 있습니다. 포졸들은 밤마다 순찰을 돌아야 하니 포교도 같이 나섰습니다. 그런데 일은 내팽개치고 여인을 만나고 있군요.

여인은 누구일까요? 옷차림이 그리 화려하지 않습니다. 자줏빛 삼회장저고리도 아닌데 신발마저 짚신입니다. 더구나 쓰개치마도 쓰지 않았습니다. 근처 어느 집에서 일하는 하녀 같기도 합니다. 아마도 포교의 순찰 시간에 맞춰 잠깐 나온 모양입니다. 얼굴만 보고 가려 했는데 다짜고짜 포교의 우악스런 손이 허리를 감쌉니다. 여인은 깜짝 놀랍니다.

"누가 보면 어쩌려고요?"

"이 밤에 누가 돌아다닌다고! 혹여 있대도 내가 포교인데 까짓 잡아들이면 되지, 뭐."

포교는 짓궂게 웃으며 얼굴까지 바짝 들이댑니다. 설마 한밤중에 누가 보기라도 할까요? 그런데 정말 그런 사람이 있네요. 꺾어진 담장 옆에 장옷을 걸친 여인이 몰래 숨어 있습니다. 이 여인은 옷차림과 신발이 곱습니다. 사랑하던 포교가 다른 여자를 만난다고 미행이라도 하는 걸까요?

그런 것 같지는 않습니다. 외출 나왔다가 늦는 바람에 사랑을 속삭이는 두 남녀를 보게 되었겠지요. 통행금지 시간에 돌아다닌다고 포교에게 들킬까 봐 저렇게 숨었습니다. 발을 양쪽으로 벌리고 담벼락에 바짝 붙어 선 모습에 보는 사람마저 조바심이 납니다.

신윤복은 밋밋한 그림에 이렇듯 가끔씩 훔쳐보는 사람을 그려 활력을 불어넣습니다. 밤중에 돌아다니면서 이런 광경을 자주 목격했던 신윤복 자신의 모습일지도 모르지요.

남녀의 만남은 《혜원전신첩》에 자주 등장합니다. 서로 사랑하는 사이도 있고 일방적으로 남자가 여자에게 수작을 걸기도 합니다. 내용이야 어찌되었든 간에 신윤복은 대담하게도 남녀의 사랑을 그림의 주제로 잡은 겁니다. 이전에도 없었고 이후에도 없던 일이었습니다.

〈월야밀회〉는 조선 최초로 남녀가 포옹하는 장면입니다. 〈소년전홍〉역시 최초로 남자가 여인의 손목을 잡아끄는 장면이지요. 등장인물의 옷만 아니라면 현대의 풍속화라고 해도 믿지 않을까요? '과연 신윤복이구나!' 하는 감탄이 절로 나옵니다.

이렇듯 남녀의 사랑을 많이 그렸는데 정작 신윤복 자신은 결혼을 했을까요? 신윤복이 결혼했다는 기록은 어디에도 없습니다. 속세를 떠난 이방인처럼 살았다고 했으니 결혼을 안 했을 가능성이 높아요. 했더라도 아주 잠깐 신혼 생활을 맛보았겠지요. 자유분방한 영혼을 결혼이라는 틀에 가둬 둘 수 없었을 테니까요. 마치 조선 말기의 화가 장승업이 그랬던 것처럼 말입니다. 그래도 신윤복은 기방에서 만난 한 여인의 모습을 가슴속 깊이 품게 됩니다. 신윤복의 가슴에 담겨 있던 여인은 훗날 멋진 그림으로 탄생하지요.

　신윤복이 자신만의 개성이 담긴 작품을 꾸준히 그려 내는 가운데 좋은 소식이 들려왔습니다. 아버지의 귀양살이가 풀려 다시 한양으로 돌아오게 되었거든요. 아마도 임금은 다른 화원들의 본보기로 신한평을 벌했던 모양입니다. 임금의 마음을 헤아리지 못하면 그게 어진 화사라도 언제든 내쳐질 수 있다는 경고였겠지요. 신한평은 마음을 가다듬고 임금의 기대에 부응했습니다. 그 결과 1791년 66세에 세 번째로 어진 화사가 됩니다.

3. 여인, 다시 태어나다

여인 전문 화가

　1800년, 정조가 병으로 승하하자 뒤를 이어 순조가 임금이 되었습니다. 이때 순조의 나이 겨우 열한 살이었습니다. 강력한 힘을 가졌던 정조 때와는 달리 나라는 혼란스러워졌습니다. 나이 어린 임금이니 아무래도 주위 사람들에게 휘둘릴 수밖에 없었지요. 이 와중에도 신한평과 신윤복은 활발한 작품 활동을 이어 갔습니다.
　신한평은 77세인 1802년에 순조와 순원 왕후의 혼례식 광경을 담은 《순조순원왕후가례도감의궤》 그림을 그렸습니다. 2년 뒤에는 불타 버린 창덕궁 인정전을 다시 세우는 과정을 기록한 《인정전영건도감의궤》도 그렸고요. 나이가 많았어도 중요한 일에는 빠지지 않았습니다. 그의 경험과 솜씨가 꼭 필요했던 거지요.
　신윤복 역시 순조 때에 더욱 바빠졌습니다. 아버지가 바라던 도화서 화원의 길을 가지는 않았으나 자기 나름대로의 분명한 예술관을 갖고 활동

했습니다. 신윤복의 그림 주제는 다양했습니다. 양반의 놀이, 남녀의 사랑, 기생의 모습……. 이 모든 걸 하나로 뭉뚱그려 주는 주제가 있습니다. 바로 '여인'입니다.

신윤복 그림 가운데 여인이 등장하지 않는 것은 없습니다. 다른 화가들에 비해 매우 독특한 점이지요. 조선 시대에도 남자와 비슷한 수의 여자가 살고 있었습니다. 그렇지만 그림에 등장하는 사람은 거의 남자였습니다. 당시에는 여인들을 낮추어 보았기에 그림으로 그릴 필요조차 없었지요. 그러나 신윤복은 달랐습니다. 여봐란듯이 당당하게 여인을 그렸습니다. 이전 그림에 등장하던 많은 남자들이 신윤복 그림에서는 여자로 바뀌었지요. 조선의 여인들은 신윤복으로 하여금 다시 태어나게 된 셈입니다. 그래서 '여인 전문 화가'라는 말을 듣게 된 거지요.

많은 여인 그림 중에 《여속도첩》을 눈여겨볼 만합니다. 《여속도첩》은 여인들의 풍속을 담은 그림첩이지요. 여기에는 〈전모 쓴 여인〉, 〈처네 쓴 여인〉, 〈장옷 입은 여인〉, 〈연당의 여인〉, 〈거문고 줄 고르기〉, 〈생선 장수〉 등 모두 6점의 그림이 있습니다. 남자는 한 명도 나오지 않고 오로지 여인들로만 화폭을 채웠지요.

〈전모 쓴 여인〉은 기생의 모습을 여실히 보여 줍니다. 마치 조선 시대 기생의 기념사진을 찍은 듯 그렸지요. 전모는 여자들이나 아이들이 머리에 쓰던 쓰개입니다. 대나무 틀에 살을 대고 기름 먹인 종이를 발라 만들었습니다. 내외(과거에 남의 남녀가 예의상 서로 마주 대하기를 피하던 일)할 때는 물

《여속도첩》 중 〈전모 쓴 여인〉

론 햇빛이나 비를 가릴 때도 꼭 필요했던 물건인데 기생들이 자주 쓰고 다녀 '기생 모자'라고 불리기도 했습니다.

전모 밑으로 얼굴이 드러납니다. 둥근 얼굴에 새빨간 입술이 인상적이군요. 차림새를 보아하니 상당히 멋쟁이입니다. 통 넓은 옥색 치마에 몸에 꽉 끼는 저고리를 입었지요. 당시 유행하던 옷차림입니다. 오른손에 부채를 들고서 살랑거리는 모습이 영락없는 여인의 발걸음입니다.

사진관에서 사진을 찍을 때 배경을 가리는 막을 쳐 놓은 것처럼 아무런 배경도 없습니다. 덕분에 방해받지 않고 오롯이 기생의 모습만 감상할 수 있습니다. 여인, 그것도 기생의 모습을 홀로 그린 경우는 거의 없었습니다. 신윤복의 붓 끝에서 특별한 그림이 탄생했지요. 오른쪽에 이런 글을 써 놓았습니다.

옛사람들이 그리지 않았던 걸 그렸으니 참 독특하다.

다른 배경 없이 오로지 여인의 모습만 부각시킨 그림, 다른 사람들 눈에도 독특해 보였나 봅니다. 이렇게 여인을 그리는 것만으로도 특별한 일이 되는 세상이었습니다. 주위에 구경꾼들을 그려 넣었다면 모두 쳐다보며 수군거리는 모습이었을지 모릅니다.

〈처네 쓴 여인〉도 독특합니다. 하필이면 뒷모습을 그렸거든요. 모슬렘(이슬람교도) 여인들은 외출할 때 히잡을 쓰거나 차도르를 입습니다. 얼굴이나

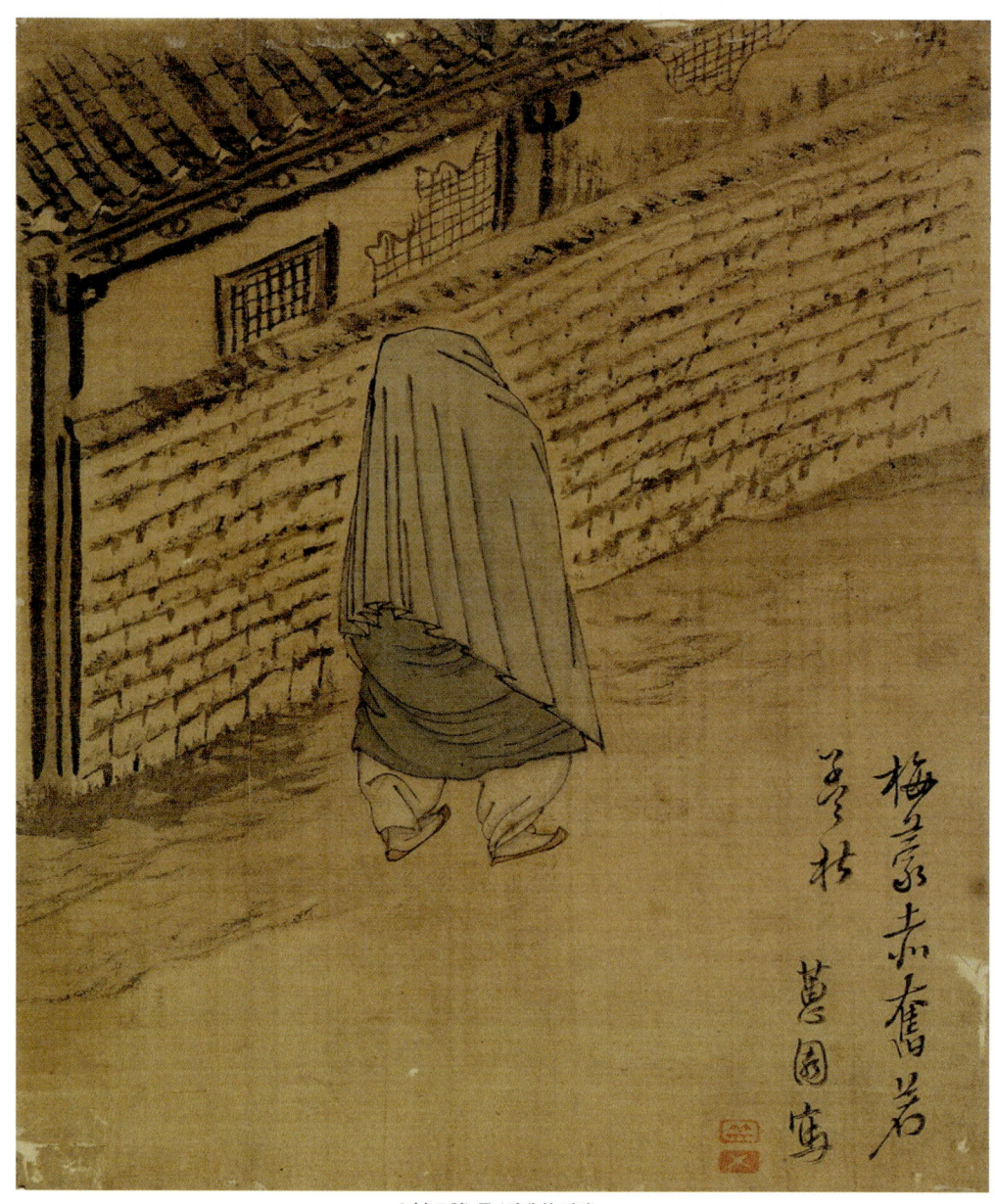

《여속도첩》 중 〈처네 쓴 여인〉

몸을 가려 주는 가리개이지요. 마찬가지로 조선 시대 여인들도 외출할 때 가리개를 썼습니다. 장옷은 윗옷처럼 소매가 달려 있고 길이도 긴데, 처네는 소매도 없고 좀 짧지요. 처네를 덮어쓴 채 담장을 따라 어디론가 길을 걷는 여인, 과연 어떤 얼굴일지 궁금해집니다.

1805년 7월 신윤복이 그렸다.

그림에 적혀 있는 글입니다. 신윤복의 주된 활동 시기가 언제였는지 잘 알려져 있지 않았는데 다행히 이 그림을 통해서 어느 정도 추측이 가능합니다. 1805년이면 순조가 왕위에 오른 지 5년째입니다. 신윤복의 나이는 40대 후반 정도 되었지요. 신윤복은 순조 임금 때 활발하게 활동했다고 전해지는데 이 그림이 증거가 될 수 있습니다.

《여속도첩》에는 다양한 옷차림의 여인들이 등장합니다. 요즘 여인으로 친다면 원피스 입은 여인, 미니스커트 입은 여인, 청바지 입은 여인 정도 되려나요? 신윤복은 조선 시대 여인의 옷차림이 이러했다는 걸 남겨 두고 싶었던 모양입니다.

신윤복은 여인의 겉모습뿐 아니라 심리 묘사에도 뛰어난 기량을 선보였습니다. 여인 전문 화가로서 섬세한 마음까지 표현할 줄 알았으니 그야말로 완벽합니다.

"어머! 저게 뭐야?"

"큭큭, 마님, 뭐긴 뭡니까. 개가 짝짓기 중이잖아요."
"아유, 망측해라!"

담장 밖 매화나무에 꽃이 흐드러지게 피었습니다. 시나브로 추운 겨울이 지나고 봄이 찾아왔나 봅니다. 그렇지만 담장 안 여인에게 봄은 아직 멀었습니다. 여인이 걸터앉은 소나무는 다 죽어 가고 있는걸요.

두 여인이 나무 위에 앉아 개 한 쌍이 짝짓기 하는 광경을 구경하고 있습니다. 나이 어린 계집종이 우연히 보고서 주인마님을 부른 게 틀림없습니다. 부인은 망측하다는 말을 연발하면서도 유심히 지켜보고 있네요.

부인은 하얀 소복 차림입니다. 아마도 남편이 죽은 지 얼마 되지 않았나 봅니다. 조선 시대에는 남편이 죽으면 부인은 평생 혼자 살아야 했습니다. 이를 '수절'이라고 하는데 조선 여인들이 당연히 지켜야 하는 미덕이었습니다. 반대로 부인이 죽으면 남편은 떳떳하게 재혼을 했습니다. 심지어 본부인을 두고 여러 명의 첩까지 거느리기도 했었지요. 물론 재혼하는 여인도 더러 있었습니다. 하지만 두고두고 심한 손가락질을 받았습니다. 그 자식들도 제대로 대접을 받지 못했고요. 그러니 이 부인 역시 평생 혼자 살아야 할 운명입니다. 아직 젊은 나이인데 앞날을 생각하면 한숨이 절로 나오겠지요.

"후유, 개들도 맘대로 짝을 짓는데 나는 앞으로 어쩌누."
"마님, 저도 아직 혼인을 못 했는데요."
"예끼! 너야 어리니까 혼인할 수 있는 희망이라도 있잖니. 나는 아무런 희

《혜원전신첩》 중 〈이부탐춘 : 과부가 봄을 기다리다〉

망도 없구나. 이 좋은 봄날을 혼자 어떻게 보내누."

똑같은 사람인데 여인이라고 욕망이 없었겠습니까? 그런데 이전 그림에서는 이렇게 여인들의 욕망을 드러내지 못했습니다. 모성애가 넘치는 어머니의 모습이거나 열심히 일하는 생활인의 모습만 보여 주었을 뿐입니다. 윤두서, 조영석, 김홍도의 그림이 모두 그렇지요. 그러나 신윤복의 그림은 완전히 다릅니다. 〈전모 쓴 여인〉처럼 자신의 아름다움을 드러내기도 하고 〈월하정인〉에서처럼 애틋한 사랑을 나누기도 합니다. 전처럼 억눌려 지내지 않고 본능에 충실하게 살아가는 모습이지요.

〈이부탐춘〉도 그렇습니다. 가장 깊은 곳에 숨어 있는 여인의 본능적인 욕망을 끄집어내어 기어이 화폭에 담았습니다. 시키는 그림에만 충실한 도화서 화원이었다면 상상도 못 할 일이지요. 짝짓기 하는 개를 그리는 도화서 화원이 어디 있답니까? 신윤복은 짝짓기 하는 개를 통해 여인의 억눌린 마음을 절묘하게 묘사했습니다. 남편을 여읜 과부의 말 못 할 아픔까지 이해할 정도로 여인들 사정에 밝았던 겁니다.

조선, 속살을 드러내다

조선은 한양에 도읍을 정한 뒤 둘레에 성을 쌓았습니다. 외적의 침입에 대비하기 위해서입니다. 한양을 둘러싼 네 개의 산인 낙산(동), 인왕산(서), 남산(남), 북악산(북)을 연결하는 성곽의 길이는 무려 18킬로미터에 이릅니다. 여기에 사대문인 흥인지문(동대문), 돈의문(서대문), 숭례문(남대문), 숙정문(북대문)과 사소문인 혜화문(동소문), 소의문(서소문), 광희문(남소문), 창의문(북소문)을 만들어 백성들을 출입하게 했지요.

임금이 사는 궁궐, 그리고 관청, 집, 상점은 대부분 성안에 있었습니다. 성안은 늘 사람들로 북적거렸지만 성문을 나서면 사정이 달랐습니다. 집은 듬성듬성 있을 뿐 강과 산, 너른 벌판이 펼쳐졌습니다. 벌판 사이로 드넓은 한강이 유유히 흘렀고 북쪽에는 북한산, 남쪽에는 관악산이 우뚝 버티고 서 있었지요. 두 산은 한양 근교에 있으면서도 제법 산세가 험했습니다. 구석구석 사람의 발길이 닿는 대로 또 다른 세상이 펼쳐졌지요.

"두둥, 두둥, 둥둥."

"삘리리리, 삐리리."

인적이 드문 산기슭 굿당에서 굿판이 벌어졌습니다. 갓을 쓴 두 사람이 장구 치고 피리도 붑니다. 요란한 악기 소리와 무당이 내뱉는 소리가 뒤범벅되어 굿판은 더욱 달아오릅니다. 쌀을 수북이 얹은 개다리소반 앞에는 두 손 모아 간절히 비는 여인이 앉았습니다.

"비나이다, 비나이다. 이번에는 꼭 아들 낳게 해 주십시오."

굿판을 청한 여인입니다. 결혼한 지 10년도 훨씬 지났지만 아직 아들을 낳지 못했습니다. 좋다는 약도 소용없었습니다. 이제 마지막 수단으로 신통하다는 무당을 찾아 굿을 한 판 벌이는 중입니다. 이번에는 집안 식구들도 있는 대로 데리고 와서 무당 앞에 앉혔습니다. 그래 보았자 모두 여인들뿐이지만요.

그림의 주인공은 무당입니다. 갓을 쓰고 붉은색 철릭을 입은 채 춤추고 있습니다. 왼손에는 금강산 그림이 그려진 부채를 들었네요. 갓을 썼지만 남자가 아니라 여자입니다. 무당이라는 말 자체가 여자를 뜻하지요. 남자 무당은 '박수'라고 해요. 여인 전문 화가이니만큼 일부러 여자 무당을 그렸습니다. 무당은 노래도 하고 춤도 추면서 신령을 불러 소원을 이루도록 해 줍니다. 이따금 부채를 흔들며 껑충껑충 뛰기도 하면서 도무지 알아들을 수 없는 말을 중얼거립니다.

"정성이 부족하다! 천신님께서 응답을 안 하신다!"

《혜원전신첩》 중 〈무녀신무 : 무당이 신들린 듯 춤추다〉

"아이고, 죄송합니다. 그저 만신(무당을 높여 이르는 말)님만 믿사오니 부디 소원 성취하게 해 주십시오."

굿을 청한 여인은 연신 허리를 굽혀 가며 빌고 또 빌었습니다. 소원을 들어줄 데가 여기밖에 없다고 믿는 거지요. 굿에는 천신굿(새로운 물건이나 곡식을 신령에게 바치는 굿), 내림굿(사람의 몸에 내린 신을 모시는 굿), 지노귀굿(죽은 사람의 명복을 비는 굿), 용신굿(바다 용왕에게 올리는 굿), 병굿(병든 사람이 낫기를 비는 굿), 예방굿(좋지 않은 일을 미리 예방하려고 올리는 굿) 등이 있어요. 비는 소원에 따라 굿의 종류가 정해졌습니다.

조선 시대에는 굿을 미신이라고 여겼습니다. 그러니 무당을 아예 성안에 살지 못하게 했습니다. 가끔 성안에 들어와 굿판을 벌이곤 하자 정조 임금이 모두 쫓아 버린 일도 있었지요. 그럼에도 무당을 찾는 사람들은 끊이질 않았습니다. 대부분 여인들입니다. 아들 낳게 해 달라고, 가족의 병을 낫게 해 달라고, 남편이나 아들이 높은 벼슬 하게 해 달라고, 또는 죽은 사람 넋을 위로해 달라고 굿판을 벌였습니다.

굿은 노래와 춤과 악기가 총동원된 종합 예술입니다. 설령 소원을 이루지 못한대도 굿을 벌이는 동안 마음의 위로를 받는 경우가 많았습니다. 설움 당하며 사는 여인들 입장에서는 더욱 그러했겠지요. 이런 여인들의 마음을 알아준 이가 신윤복입니다. 다른 화가들은 알고도 쉬쉬하는 광경을 신윤복은 거리낌 없이 잡아내었습니다.

〈무녀신무〉 그림에는 신윤복 특유의 익살과 해학도 담겼습니다. 노란 저고리를 입은 여자아이는 양손으로 턱을 받치고 재미있다는 듯 바라봅니다. 아무것도 모르는 천진난만한 표정이 귀엽습니다. 연두색 장옷을 입은 여인은 담장 밖 건장한 남자를 흘끗 바라봅니다. 다른 화가들의 그림에도 훔쳐보는 장면은 종종 등장하지요. 대부분 남자가 여자를 몰래 훔쳐보는 모습입니다. 신윤복은 반대로 여자가 남자를 훔쳐보는 장면을 그렸습니다. 남자보다 여자에게 더 비중을 두었지요.

조선의 여인들은 이처럼 굿과 같은 무속 신앙에 기대어 고달픈 마음을 달래었습니다. 굿과 더불어 여인들이 기대던 신앙이 또 하나 있었습니다. 오래전 삼국 시대에 들어와 민간에 깊이 뿌리박은 불교였습니다. 하지만 굿과 마찬가지로 드러내 놓고 믿을 상황은 아니었습니다.

"어서 오십시오, 마님."

고깔을 쓴 승려가 합장을 하며 말 탄 부인을 마중 나왔습니다. 아주 귀한 절 손님인가 봅니다.

"오랜만입니다, 스님. 불공 준비는 다 되었겠지요?"

"여부가 있겠습니까? 제가 모실 테니 따라오십시오."

〈문종심사〉를 보면 양반집 여인이 말구종과 몸종까지 대령해서 절을 찾았습니다. 절을 찾아 불공을 드리는 것도 굿을 벌이는 사연과 비슷합니다. 역시 간절한 소원이 있었겠지요. 굿이 무시당했던 것처럼 절을 찾는 일도 비난의 대상이었습니다. 공식적으로 조선은 불교를 억압하는 정책을 폈습니다. 승려들의 도성 출입을 금지했고, 선비들이나 여인들이 절에 가면 곤

《혜원전신첩》 중 〈문종심사 : 종소리를 듣고 절을 찾아가다〉

장 100대를 때린다는 법까지 있었습니다.

하지만 오랜 역사를 자랑하는 불교의 맥은 끊기지 않고 이어졌습니다. 임금들도 불교 신앙을 아예 외면한 건 아닙니다. 무학대사와 친분이 있던 태조 이성계는 절을 즐겨 찾았고, 세종, 세조 임금 역시 불교에 호감이 있었거든요. 그렇다 보니 암암리에 왕실이나 양반집 여인들도 불교를 많이 믿었습니다. 왕실과 양반집 여인들이 절에 다니니 일반 서민들 사이에서도 이런 풍조가 자리 잡으면서 불교가 여인들 사이에 널리 퍼지게 되었습니다. 불교가 설움받는 여인들에게 구원의 안식처가 된 셈이지요. 그런데 공식적으로는 성안에 절을 둘 수가 없었습니다. 결국 절은 굿당과 마찬가지로 관악산이나 북한산으로 밀려나게 되었지요.

절에서 보면 여인들은 무척 반가운 손님입니다. 많은 시주로 절을 운영하는 데 도움을 주었기 때문입니다. 떵떵거리는 양반집 부인이 절을 찾기라도 하면 극진하게 대접을 했지요. 그렇지만 대부분의 절은 유지하는 데 어려움을 겪었습니다. 그래서 산을 나서서 탁발(승려가 집집마다 돌아다니며 시주를 받는 일)하는 경우가 잦았습니다. 〈노상탁발〉이라는 그림이 이를 잘 보여 줍니다.

승려들이 사람들이 자주 오가는 길목에 자리를 잡고 탁발에 나섰습니다. 커다란 법고를 두드리는 승려가 있는가 하면 모자를 쓴 두 사람은 목탁과 광쇠(염불할 때 북과 함께 치는 꽹과리 같은 쇠)를 들었습니다. 요란스러운 소리에 지나가는 여인들이 주머니를 풉니다. 아무렇지 않게 치맛자락을 걷

《혜원전신첩》 중 〈노상탁발 : 길가에서 시주를 청하다〉

어 올리는 걸 보니 양반집 여인들은 아니에요. 고깔 쓴 승려는 연신 머리를 조아리며 고맙다는 인사를 합니다. 지나가던 양반이 이게 무슨 일인가 싶어 뒤돌아 쳐다보는 모습이 웃음을 자아냅니다.

역시 이 그림의 주인공도 여인들입니다. 신윤복의 그림인데 남자들이 시주하는 장면을 넣을 리 없겠지요. 다섯 여인들의 옷차림과 동작이 모두 다릅니다. 마치 조선 시대 패션쇼를 보는 것만 같습니다.

그림마다 여인을 빠뜨리지 않았던 화가, 여인보다 더 여인을 이해했던 남자, 그게 바로 신윤복입니다. 여느 화가들과는 달리 조선의 깊은 속살까지 들추어냈습니다. 워낙 여인들의 속사정에 밝았던지라 신윤복이 여자였다고 설정한 텔레비전 드라마에 고개가 끄덕여지기도 합니다.

누워서 구름을 보다

　옛날에는 그림을 '서화'라고 했습니다. '글씨 서(書)', '그림 화(畵)', 글씨와 그림이 함께 있다는 뜻입니다. 그러니 그림 속에 글씨를 적어 넣는 일은 상식이었습니다. '글씨와 그림의 근원은 같다.'라는 뜻의 '서화동원'이라는 말까지 있었으니까요. 서양과 달리 그림 그리는 붓과 글씨 쓰는 붓이 같기 때문에 가능한 일입니다. 서양에서 글씨는 펜으로, 그림은 붓으로, 서로 구분해서 사용한 것과는 다르지요.

　'시서화삼절'이라는 말도 있습니다. 시도 잘 짓고, 글씨도 잘 쓰고, 그림도 잘 그리는 사람을 일컫는 말입니다. 김홍도가 그랬습니다. 김홍도의 그림에는 글이 적힌 경우가 많습니다. 능란한 솜씨로 쓴 글을 보면 그림과 참 잘 어울린다는 생각이 듭니다. 글은 작품의 품격을 한층 더 높여 줍니다.

　그런데 신윤복의 작품에는 글이 많지 않습니다. 있다고 해도 대부분 짤막짤막하지요. 글씨도 그리 멋들어져 보이지는 않습니다. 김홍도가 비석이나 현판에까지 글씨를 쓴 데 비하면 변변치 못한 솜씨입니다. 그런 까닭에 서인지 신윤복은 글 쓰는 걸 즐기지 않았던 모양이에요. 이에 대해 어렴풋이 짐작해 볼 만한 기록이 있습니다.

> 신윤복은 기생이나 무속, 놀이 풍속을 잘 그렸다. 재주나 학식이 비록 김홍도에 미치지 못하나 남의 그림을 똑같이 따라 그리던 습관에서 벗어나 오직 신윤복만이 현실을 제대로 그려 성공을 이루었다.

《화사보략》이라는 책에 나오는 내용입니다. 개성 넘치는 신윤복의 풍속화에 대해 칭찬한 글입니다. 그렇지만 신윤복의 학식이 부족했다는 말도 나옵니다. 아마도 젊었을 적부터 떠돌아다니느라 공부할 기회가 많지 않았을 겁니다. 조선 말기의 화가 장승업 역시 비슷한 경우였지요. 어렸을 적부터 남의 집 머슴을 살았던 장승업도 제대로 공부할 기회가 없었습니다. 그래서 나중에 그림으로 이름을 떨쳤을 때도 글씨 쓰는 걸 즐겨 하지 않았습니다. 꼭 써야 할 글씨는 제자들이나 다른 화가들이 대신 써 주었다고 해요. 신윤복 역시 그러지 않았을까요?

신윤복은 배운 티를 내야 하는 산수화나 사군자는 잘 그리지 않았습니다. 오히려 반대되는 그림을 그려야만 자신의 개성을 살릴 수 있다는 사실을 깨달았지요. 그러곤 자신이 잘할 수 있는 분야에 몰입했던 거예요. 이를테면 변상벽은 고양이와 닭 그림, 신사임당은 풀벌레 그림, 정선은 산수

〈암탉과 병아리〉 변상벽, 18세기 후반　　　《초충도 병풍》 중 〈맨드라미와 쇠똥구리〉 신사임당

화를 잘 그렸던 것처럼 말입니다. 신윤복은 풍속화에 깊이 빠져들어 성공을 거두었습니다. 덕분에 조선 시대 3대 풍속화가로까지 꼽히게 되었지요.

　그렇다고 신윤복이 다른 그림을 전혀 안 그린 건 아닙니다. 몇 점 되지는 않지만 풍속화 이외의 그림도 남아 있습니다. 워낙 풍속화가 유명했기에 묻혀 버렸을 따름이지요.

　신윤복이 남긴 다른 종류의 그림은 산수화와 동물화입니다. 산수화와 동물화는 조선 시대 화가라면 기본적으로 조금씩은 다룰 줄 아는 그림이

〈송정아회〉

〈계명곡암〉

었습니다. 신윤복의 산수화와 동물화 역시 괜찮은 솜씨를 보여 줍니다.

신윤복의 산수화 중 가장 널리 알려진 작품은 〈송정아회〉입니다. '소나무 숲 속 정자에서 모임을 갖다.'라는 뜻이지요. 멋들어진 소나무 네 그루 아래 초가지붕 정자가 있습니다. 그 안에 한 사람이 앉아 있군요. 또 한 사람은 다리를 건너 정자 쪽으로 걸어오고 있습니다. 두 사람이 여기서 만나기로 약속했기 때문이지요. 조금 있으면 아름다운 음악 소리도 울려 퍼지고 시 읊는 소리도 새어 나올 겁니다. 이런 경치 좋은 곳에 모여 풍류를 즐기는 게 선비들의 즐거움이었거든요. 선비 화가들이라면 흔히 다루었던 주제이지요. 신윤복도 선비들 흉내를 내어 산수화를 그려 보았습니다.

사람은 있는 듯 없는 듯 몇 가닥의 선으로 간략하게 그렸습니다. 그런데도 앉아 있고 움직이는 동작을 대번에 알아볼 수 있습니다. 하루 이틀에 이루어진 서툰 붓놀림이 아니지요. 소나무를 참 특색 있게 그렸습니다. 잎이 뾰족뾰족하지 않고 활엽수처럼 넓어 보이거든요. 색깔도 진하지 않고 엷게 칠했습니다. 소나무 줄기 역시 매우 흐릿합니다. 요즘의 수채화를 보는 듯 담백한 모습이네요. 전체적으로 먹을 엷게 써서 무심한 듯 그렸습니다. 섬세한 풍속화와는 정반대의 화풍입니다.

〈계명곡암〉이라는 산수화도 눈여겨볼 만합니다. 역시 산속에 두 명의 선비가 있네요. 한 명은 정자 안에, 또 한 명은 흐르는 계곡물에 발을 담그고 있습니다. 아마도 무더운 여름이겠지요. 선비들은 무더운 여름이면 계곡물에 발을 담그고 더위를 식혔습니다. 선비 체면에 옷을 홀딱 벗고 헤엄을 칠 수는 없는 노릇이니까요. 시원한 물에 살며시 발 담그는 것만도 나름대로 운치 있는 피서였습니다.

시냇물 소리 베어 흐르니 바람은 물 위를 스치고
골짜기 어두워지자 비는 산으로 이어지네

그림에 적힌 글입니다. 그림의 내용을 잘 설명해 주는군요. 제목인 '계명곡암'의 뜻이기도 합니다. 이 그림은 〈송정아회〉에 비해 훨씬 상세합니다. 우리가 흔히 볼 수 있는 산수화의 전형적인 모습이지요. 같은 산수화이면서도 분위기는 많이 다릅니다. 신윤복이 다양한 시각으로 그림을 그렸다는 사실을 보여 주네요.

〈나월불폐〉는 동물화입니다. '달 보고도 짖지 않는 개'를 그렸지요. 위로는 성근 나무 한 그루가 있고 아래쪽에 야단이라도 맞은 듯 시무룩해 보이는 개가 한 마리 앉았습니다. 나무줄기 가운데에 환한 보름달이 걸렸군요. 개와 보름달이 같이 등장하는 그림은 흔합니다. 대부분 개가 보름달을 바라보며 짖는 모습이지요. 그런데 이 그림은 개가 보름달을 등지고 앉았습니다. 마치 깊은 생각에 잠긴 선비라도 되는 것 같습니다. 사실 개는 달 보고 짖지 말고 도둑 보고 짖어야 합니다. 그게 개에게 주어진 일이지요. 사소한 일에 신경 쓰지 않는 개, 마치 제 갈 길을 꿋꿋하게 가는 신윤복 자신의 모습을 담은 듯합니다.

〈나월불폐〉

〈장닭 두 마리〉에는 금방이라도 싸움을 벌일 듯 사나운 장닭 두 마리가 등장합니다. 장닭의 상징인 화려한 깃털을 유감없이 뽐내고 있지요. 적당한 거리를 두고서 맴도는 모습에서 팽팽한 긴장감도 느껴집니다. 〈나월불폐〉와는 달리 섬세한 묘사와 화려한 색이 돋보이네요.

닭 그림에는 좋은 뜻이 많이 담겨 있습니다. 닭이 울면 새벽이 되잖아요. 그럼 밤중에 활동하던 귀신들이 모두 도망가거든요. 또한 높은 벼슬을 바라는 마음도 깃들어 있습니다. 장닭의 볏이 벼슬을 뜻하거든요. 이래저래 닭은 상서롭게 여기던 동물이었답니다.

그림에 적힌 글은 중국의 시인 한유가 쓴 〈투계〉라는 시의 일부입니다. 장닭의 모습을 실감 나게 묘사한 내용입니다. 왼쪽에는 1808년 겨울에 그렸다고 적혀 있습니다. 신윤복이 51세였을 무렵이지요.

신윤복은 자신의 작품에 주로 '혜원'이라는 호를 적어 놓습니다. 그런 다음 '혜원', '신윤복 인', '입보'라는 글씨가 새겨진 인장을 찍지요. 그런데 이 그림에는 독특하게도 '와간운'이라는 인장이 찍혔습니다. '누워서 흘러가는 구름을 본다.'라는 뜻입니다. 〈송정아회〉에도 똑같은 인장이 찍혀 있지요. 인장 하나에서도 현실에 구애받지 않고 자유분방하게 살던 신윤복의 모습이 아른거립니다.

풍속화 이외의 그림은 이 밖에도 몇 점 더 있습니다. 그런데 모두 모아 봐야 10점도 되지 않습니다. 또 이런 작품이 신윤복의 진품인지 확인하기도 어렵습니다. 물론 신윤복의 이름이 적혀 있고 인장도 찍혀 있지만 모두

〈장닭 두 마리〉

곧이곧대로 진짜로 볼 수는 없습니다. 후대 사람들이 인장을 가짜로 만들어 찍는 경우도 많거든요. 그만큼 위조할 만한 가치가 있다는 뜻이겠지요. 그래도 신윤복의 인장이 찍혀 있는 만큼 일단 그의 작품으로 보아야 할 것입니다.

가슴속에 익은 봄

　서울 성북동에는 우리나라 3대 미술관으로 꼽히는 간송미술관이 자리하고 있습니다. 앞서 얘기했듯이 우리 문화재 지킴이였던 간송 전형필 선생이 세운 미술관이지요. 간송미술관에는 국보 12점과 보물 10점 등 5000여 점의 문화재가 있습니다. 여기에는 상당수의 옛 그림도 포함되어 있지요.
　간송미술관에서는 해마다 봄가을에 한 차례씩 옛 그림 전시회를 엽니다. 1971년부터 시작된 전시회는 한 해도 거르지 않고 열려 벌써 90회가 다 되어 갑니다. 개인 박물관이라 작품을 공개하는 기회가 드물기에 때맞추어 많은 사람들이 전시회를 찾지요. 많은 작품들 중에서도 유독 인기를 독차지하는 그림이 한 점 있습니다. 이 그림이 전시되는 날에는 사람들이 구름처럼 몰려듭니다. 때로는 서너 시간씩 줄을 서서 기다리기도 합니다. 비 오는 날 우산을 받쳐 들면서까지 기다리고 있는 긴 줄을 보노라면 대체 어떤 그림인지 궁금해집니다.

바로 신윤복의 〈미인도〉입니다. 과연 한눈에 반할 만한 어여쁜 여인입니다. 1미터가 넘는 화폭을 여인 한 명으로 꽉 채웠습니다. 두툼한 트레머리를 얹고 몸에 꽉 끼는 삼회장저고리에 통 넓은 옥색 치마를 입었습니다. 머리끝부터 발끝까지 당시 유행하던 차림새를 그대로 따랐습니다.

눈썹은 무척 가느다랗습니다. 눈도 그리 크지 않습니다. 쌍꺼풀도 보이지 않는군요. 눈썹, 눈, 쌍꺼풀, 모두 요즘 미인의 기준과는 많이 다릅니다. 그래도 마늘쪽 코와 앵두 같은 입술은 여전합니다. 눈, 코, 입이 크지 않아 동그스름하면서도 갸름한 얼굴과 잘 어울립니다. 동백기름을 발라 빗은 머리칼은 여인의 단아한 성격을 말해 주지요.

신윤복은 미인의 모습을 세심하게 표현했습니다. 눈동자는 물론 코와 입 사이 인중까지. 머리카락도 한 올 한 올 가는 붓으로 일일이 그렸습니다. 목덜미의 가느다란 머리털을 보노라면 화가의 손길이 얼마나 세심했는지 알 수 있지요.

여인은 지금 옷고름에 매단 노리개를 만지작거리고 있습니다. 옷고름을 풀려는 걸까요, 매려는 걸까요? 뭔가 굉장히 수줍어하는 모습입니다. 치마 밑으로 버선발이 수줍은 듯 살짝 모습을 내밀었습니다. 무심코 그린 듯 보이는 장면에 주인공의 마음을 심어 놓았습니다.

이 그림의 매력은 여인의 표정입니다. 무엇을 바라보는 눈 같기도, 골똘히 생각에 잠긴 눈 같기도 합니다. 마치 꿈을 꾸는 듯 아득한 표정입니다. 이 여인은 대체 누구일까요? 양반집 규수일까요? 그런데 조선 시대에 양반

〈미인도〉

집 규수는 이런 초상화를 그리지 않았습니다. 외간 남자인 화가와 마주 앉는 일조차 금지되었기 때문입니다. 그렇다면 이름 모를 어느 기생일 가능성이 높습니다. 신윤복이 기방을 드나들다가 눈에 띈 여인이겠지요. 그림에 이런 글이 적혔습니다.

가슴속에 익은 봄볕 같은 정
붓 끝으로 어찌 마음까지 그려 냈을까

화가 스스로 여인의 마음까지 그려 냈다는 자부심이 엿보입니다. 우리 초상화는 겉모습은 물론 마음까지 그려 내야 했거든요. 화가 본인의 마음에 들었으니 보는 사람들이야 더욱 감동을 받겠지요. 그런데 아무도 그리지 않던 여인의 초상화를 이렇게 공들여 그린 까닭은 무엇일까요? 혹시 신윤복이 사랑한 여인이 아니었을까요? 그림에 적힌 글의 첫머리인 '가슴속에 익은 봄볕 같은 정'은 바로 신윤복 자신의 마음을 표현한 것일지도 모릅니다. 조선 미인의 아름다움을 잔잔하게 그려 낸 〈미인도〉, 지금까지도 많은 사람들에게 사랑을 받는 작품입니다.

신윤복의 대표작으로는 《혜원전신첩》과 〈미인도〉를 들 수 있습니다. 만약 《혜원전신첩》만 있고 〈미인도〉가 없었더라면 신윤복은 반쪽짜리 화가로 남았을지도 모릅니다. 〈미인도〉로써 여인 전문 화가라는 호칭도 더욱 걸맞게 되었지요. 〈미인도〉가 젊고 아름다운 인생 절정기의 여인을 그렸다면

《여속도첩》 중 〈연당의 여인〉

〈연당의 여인〉은 정반대입니다.

"우우웅, 부우우움!"

해가 길고 무더운 여름입니다. 귀보다는 가슴을 파고드는 생황의 깊은 울림이 집 안으로 퍼져 나갑니다. 한참 생황을 불던 여인은 담배를 몇 모금 빱니다. 그러다가 깊은 한숨도 내뱉습니다.

"후유, 오늘도 날 찾는 사람은 없으려나?"

여인은 나이 든 기생입니다. 몸에 힘이 빠지니 다리가 살짝 헤벌어졌습니다. 젊었을 적에야 이리저리 불리어 다니는 일이 잦았습니다. 악기도 잘 다루고 얼굴도 고왔거든요. 그러나 다 과거의 일입니다. 나이가 들면서 찾는 사람이 점점 줄어들더니 급기야 하루해가 저물도록 공치는 날도 많아졌습니다. 그저 하염없이 생황이나 불다가 담뱃대를 빠는 게 소일거리입니다.

"나도 저렇게 화려한 시절이 있었는데……."

마당 연못에는 고운 연분홍빛 연꽃이 피었습니다. 마치 젊었을 적 여인의 모습 같습니다. 연꽃이 과거라면 마루에 걸터앉은 여인은 현재이지요. 늙어 가며 어쩔 수 없이 겪어야 하는 인간의 외로운 심정을 연꽃에 대비해 표현했습니다. 〈미인도〉와 달리 섬세한 선은 보이지 않습니다. 굵은 선을 사용했으면서도 섬세한 심리 묘사가 돋보이는군요. 아마 혈기왕성한 젊은 신윤복이었다면 이런 그림을 그릴 수 없었을 겁니다. 이제 신윤복도 삶을 되돌아볼 줄 아는 여유와 관록이 붙었습니다.

시대를 앞서간 선각자

신윤복이 점점 나이 들면서 그보다 먼저 태어났던 사람들도 하나둘씩 세상을 떠났습니다. 1806년에는 김홍도가 세상을 떠났지요. 신윤복이 닮고자 했던 화가, 덕분에 새로운 화풍을 개척하게끔 만든 화가, 한 시대를 풍미했던 천재 화가 김홍도 역시 인간의 운명을 넘어설 수는 없었지요. 다음은 아버지 차례였습니다.

어느 날 신윤복이 머물던 집으로 사람이 찾아왔습니다. 대낮부터 잔뜩 술에 취해 있던 신윤복은 찾아온 사람이 누군지도 알아보지 못했습니다.

"여기 계셨군요. 이틀 동안 찾아 헤매었습니다."

"나를? 댁은 누구시오?"

"일재(신한평의 호) 어른 댁에서 일하는 하인이옵니다."

"아버지 댁에서? 그런데 무슨 일로?"

"어른이 세상을 뜨셨습니다."

1809년, 신한평이 84세의 나이로 세상을 떠났습니다. 신한평은 화원으로서 누릴 건 다 누린 행운아였습니다. 세 번이나 어진 화사에 뽑혔으니까요. 더구나 옛사람으로서는 드물게 84세까지 장수를 누렸습니다. 부족할 게 없는 삶이었지요. 딱 한 가지 아쉬운 점이 있었으니, 바로 아들 신윤복이었습니다. 자신의 뒤를 이어 도화서 화원으로 출세 가도를 달리길 바랐으나 아들은 끝내 제 갈 길을 가고 말았으니까요.

　"윤수 서방님께서 이르시길, 형님을 꼭 모셔 오라고 하셨습니다."

　지금도 그렇지만 조선 시대에 부모의 장례는 매우 중요한 일이었습니다. 자식들은 물론 평소 고인과 안면이 있던 사람은 모두 가서 명복을 빌었지요. 비록 오래전에 집을 떠난 아들이었지만 마땅히 참석해야 했습니다. 하지만 신윤복은 가지 않기로 했습니다. 이방인이라 불리며 떠돌아다닌 지 수십 년째입니다. 이미 오래전에 집에서 내놓은 사람이었습니다. 새삼 아버지의 장례라고 찾아가 형 노릇, 아들 노릇 하기가 낯간지러웠습니다.

　"윤수에게 전해 주게. 못 가서 미안하다고. 아버님 장례를 잘 치러 달라고. 나는 내 방식대로 아버님 명복을 빌 테니까."

이때 신윤복의 나이 52세였습니다. 화원이 50세이면 무르익은 솜씨를 발휘할 때입니다. 아마도 신윤복은 이 무렵 최고의 기량을 발휘하며 작품 활동을 해 나갔을 겁니다. 많은 그림을 그렸을 것으로 추정되지만 연대가 밝혀진 그림은 없습니다.

네 폭으로 이루어진 《행려풍속도 병풍》은 가장 늦은 시기의 작품입니다. '행려풍속'이란 여행하면서 본 풍속을 그렸다는 뜻입니다. 여러 가지 주제의 그림을 엮어 병풍으로 만든 것이지요. '행려풍속도'는 그림을 좀 그릴 줄 아는 화원이라면 누구나 한 번쯤 그렸습니다. 풍속화를 병풍으로 만들어 집에 두고 보는 것이 유행했거든요. 김홍도, 김득신 같은 유명한 풍속화가들은 모두 '행려풍속도'를 남겼지요.

'행려풍속도'는 보통 여덟 폭으로 그립니다. 신윤복의 작품도 원래는 여덟 폭이었지만 지금 남아 있는 건 네 폭뿐입니다. 이 그림은 산수화와 풍속화를 결합한 형태입니다. 품격도 있고 재미도 있어 양반집 안방을 장식하는 데에는 안성맞춤이었지요.

우리 그림은 오른쪽에서 왼쪽으로 보는 게 맞습니다. 이에 따라 가장 오

《행려풍속도 병풍》 중 〈여행하는 선비〉 1813년 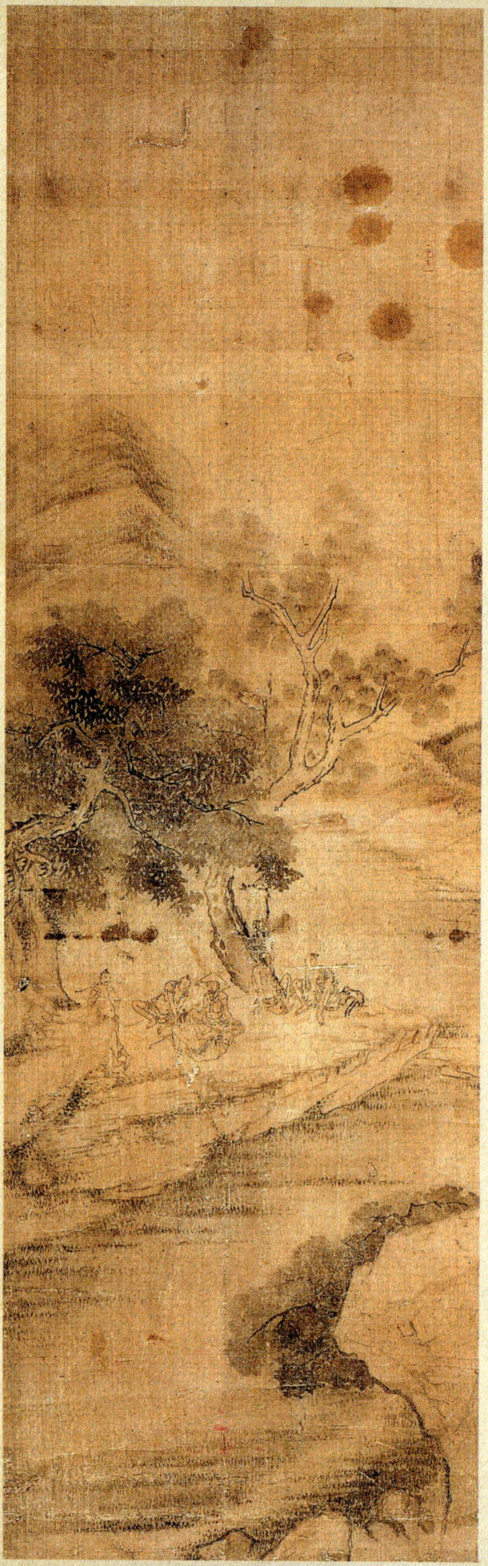　　　　　　《행려풍속도 병풍》 중 〈휴식〉 1813년

《행려풍속도 병풍》 중 〈기녀와 스님〉 1813년 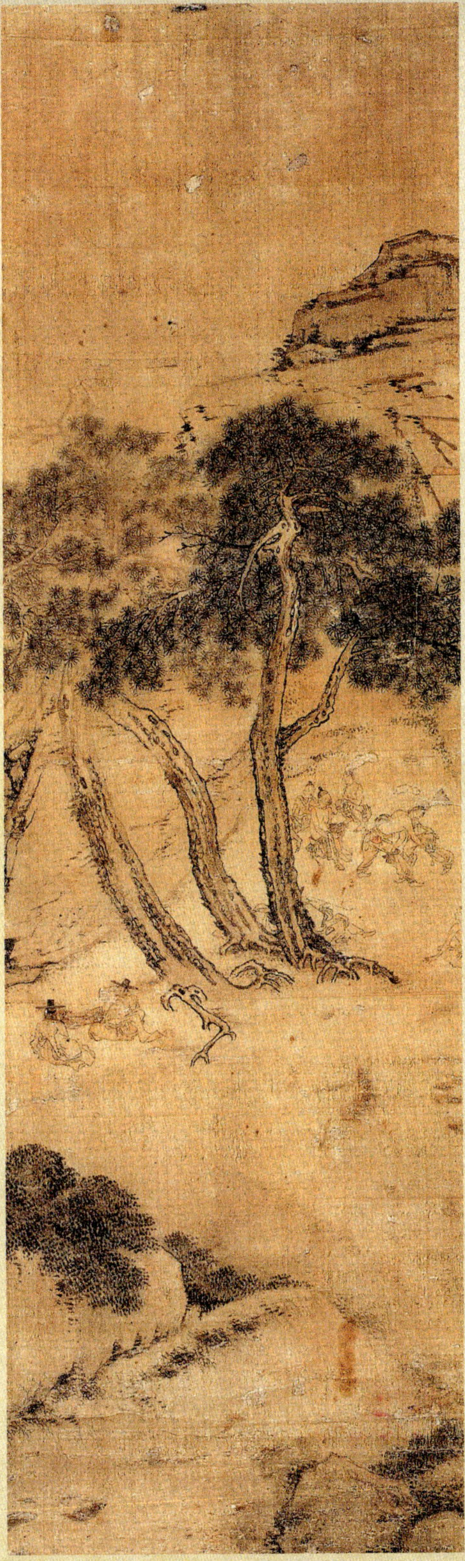　　　《행려풍속도 병풍》 중 〈씨름〉 1813년

른쪽의 첫 번째 그림에는 소나무 아래에서 씨름하는 사람들이 등장합니다. 야외에서 씨름하는 장면은 풍속화의 단골 주제였습니다. 김홍도 역시 유명한 그림 〈씨름〉을 남겼지요. 두 번째 그림은 여인들이 스님에게 길을 묻고 있는 장면입니다. 앞에서 보았던 〈노상탁발〉과 비슷합니다. '행려풍속도'에 이런 장면을 그린 것은 신윤복이 유일하지요. 네 폭의 그림 중에서 신윤복의 개성이 가장 잘 드러났습니다. 세 번째 그림은 나무 그늘에서 사람들이 쉬는 장면이고, 네 번째 그림에는 나귀를 탄 선비가 외나무다리를 건너는 모습입니다. 모두 풍속화의 흔한 주제들입니다.

네 번째 그림에는 1813년 여름에 그렸다는 글이 적혀 있습니다. 1813년이면 신윤복이 50대 중반입니다. 순조가 임금이 된 지 13년째 되던 해이고요. 적어도 이때까지는 신윤복이 작품 활동을 했다는 말이지요. 《행려풍속도 병풍》을 끝으로 더 이상 연대를 알 수 있는 작품은 발견되지 않습니다.

신윤복이 언제, 어디서, 어떻게 생을 마쳤는지는 알 도리가 없습니다. 1813년 이후에도 얼마간은 작품 활동을 이어 가다가 세상을 떠났을 것으로 짐작할 뿐입니다.

신윤복은 참 특별한 화가였습니다. 이제껏 없던 그림을 그린 것은 그 누구도 해내지 못한 용감한 일이었습니다. 그래서 신윤복을 가리켜 '이방인', '이단아', 심지어 '시대의 반항아'라는 별명도 붙입니다.

신윤복 그림의 주된 주제는 여인이었습니다. 신윤복의 풍속화 중에 여인이 등장하지 않은 그림은 한 점도 없습니다. 이전의 여인 그림이 대부분 모성애를 강조하거나 생활인으로서의 모습이었다면 신윤복은 아름다움을 간직한 본래의 여인으로 탄생시켰습니다. 신윤복은 여인들의 겉모습뿐 아니라 심리 묘사에도 탁월했습니다. 여인들을 진정으로 이해하지 못하는 사람은 꿈도 꾸지 못할 일이었지요.

그리고 신윤복은 금기시되었던 남녀의 사랑도 그렸습니다. 애틋한 장면도 있고 노골적으로 수작을 걸거나 손을 덥석 잡는 그림도 많습니다. 현대에 와서야 이루어진 자유연애 사상이 신윤복의 그림에서는 벌써 꽃피고 있었지요. 이 점이 신윤복 그림의 가장 뛰어난 특징이라고 할 수 있습니다.

또한 신윤복은 당시 도시의 풍경, 양반들의 놀이, 기방이나 술집 같은 유흥가의 모습을 가감없이 묘사했습니다. 신윤복이 없었다면 당시 양반들의 은밀하고 호사스러운 문화를 알 길이 없었겠지요. 자신이 이들과 어울리면서 직접 겪은 일이기에 이토록 생생하게 묘사한 것입니다.

신윤복의 또 다른 공은 그림에 아낌없이 색깔을 입혔다는 점입니다. 당시 궁궐이나 절에서 쓰는 그림에만 사용했던 '색'을 풍속화에도 과감하게 입혔습니다. 조선의 색이 신윤복을 통해 다시 주목받게 되었지요.

예술가의 본질은 시대와 화합하지 않는 것입니다. 진정한 예술가라면 자신만의 독특한 개성을 살리는 건 물론 시대를 뛰어넘는 작품을 남기지요. 이런 점에서 신윤복은 예술가의 본질에 가장 걸맞은 화가였습니다.

신윤복의 솜씨라면 도화서 화원으로 안정된 생활을 하고 금세 어진 화사가 되어 벼슬자리도 얻는 영광을 누렸을 겁니다. 그런데 신윤복은 모든 영광을 박차고 뛰쳐나와 전혀 세상이 요구하지 않는 그림을 그렸습니다. 이제껏 없던 그림, 이후에도 없는 그림을 탄생시켰던 겁니다.

신윤복의 그림은 당시에는 널리 인정받지 못했습니다. 20세기에 들어와서야 겨우 각광을 받기 시작했지요. 옷차림만 살짝 바꾸면 요즘에도 전혀 어색하지 않은 현대적인 감각이 물씬 풍기는 그림인 까닭입니다. 200년 전에 살았지만 200년 앞을 내다본 신윤복, 그는 시대를 앞서간 미술계의 선각자였습니다.

신윤복의 생애

1758년(1세)	이 무렵 태어난 걸로 짐작된다. 고령 신씨 가문으로, 아버지는 신한평, 어머니는 홍천 피씨이다. 종중조부 신세담, 종조부 신일흥, 아버지 신한평까지 3대가 도화서 화원을 지내다.
1773년(16세)	아버지 신한평이 영조 임금의 초상화를 그리는 어진 화사로 뽑히다.
1781년(24세)	아버지 신한평이 김홍도와 함께 두 번째 어진 화사가 되어 정조 임금의 초상화를 그리다.
1788년(31세)	아버지 신한평이 도화서 화원 평가 시험에서 '책가도'를 그리지 않았다는 죄목으로 정조 임금의 노여움을 사 귀양을 가다.
1791년(34세)	아버지 신한평이 세 번째 어진 화사가 되어 정조 임금의 초상화를 그리다.
1805년(48세)	신윤복이 음력 7월에 《여속도첩》에 수록된 〈처네 쓴 여인〉을 그리다.
1809년(52세)	아버지 신한평이 84세의 나이로 세상을 떠나다.
1813년(56세)	신윤복이 여름에 《행려풍속도 병풍》을 그리다. 이후의 작품이나 기록은 발견되지 않아 언제 세상을 떠났으며 어디에 묻혔는지 알지 못한다. 호는 혜원, 자는 덕여이다. 신가권이라는 이름도 사용한 것으로 추정된다.

이 책에 실린 작품

〈단오풍정〉, 《혜원전신첩》 중에서, 종이에 색칠, 28.2x35.6cm
〈바람 맞은 대나무〉, 이정, 17세기 초, 비단에 수묵, 127.8x71.4cm
〈인왕산〉, 강희언, 18세기, 종이에 엷은 색칠, 24.6x42.6cm
〈자모육아〉, 신한평, 종이에 엷은 색칠, 23.5x31.0cm
《영조정순왕후가례도감의궤》, 1759년, 종이에 색칠, 47.3x33.5cm
〈이광사 초상〉, 신한평, 1774년, 비단에 색칠, 66.8x53.7cm
〈청루소일〉, 《혜원전신첩》 중에서, 종이에 색칠, 28.2x35.6cm
〈소년전홍〉, 《혜원전신첩》 중에서, 종이에 색칠, 28.2x35.6cm
〈아기 업은 여인〉, 종이에 수묵과 엷은 색칠, 23.3x24.8cm
〈기방난투〉, 《혜원전신첩》 중에서, 종이에 색칠, 28.2x35.6cm
〈주사거배〉, 《혜원전신첩》 중에서, 종이에 색칠, 28.2x35.6cm
〈연소답청〉, 《혜원전신첩》 중에서, 종이에 색칠, 28.2x35.6cm
〈주유청강〉, 《혜원전신첩》 중에서, 종이에 색칠, 28.2x35.6cm
〈쌍검대무〉, 《혜원전신첩》 중에서, 종이에 색칠, 28.2x35.6cm
〈청금상련〉, 《혜원전신첩》 중에서, 종이에 색칠, 28.2x35.6cm
〈거문고 줄 고르기〉, 《여속도첩》 중에서, 비단에 색칠, 26.2x19.1cm
〈나물 캐는 여인〉, 윤두서, 18세기 초반, 비단에 엷은 색칠, 25.0x30.2cm
〈말징 박기〉, 조영석, 18세기 중반, 종이에 엷은 색칠, 36.7x25.1cm
〈타작〉, 《단원풍속도첩》 중에서, 김홍도, 종이에 엷은 색칠, 27x22.7cm
〈야묘도추〉, 김득신, 종이에 엷은 색칠, 22.5x27.2cm
《책가도 병풍》, 작자 미상, 비단에 색칠, 각 161.7x39.5cm
〈월하정인〉, 《혜원전신첩》 중에서, 종이에 색칠, 28.2x35.6cm
〈월야밀회〉, 《혜원전신첩》 중에서, 종이에 색칠, 28.2x35.6cm
〈전모 쓴 여인〉, 《여속도첩》 중에서, 비단에 색칠, 26.2x19.1cm
〈처네 쓴 여인〉, 《여속도첩》 중에서, 비단에 색칠, 26.2x19.1cm
〈이부탐춘〉, 《혜원전신첩》 중에서, 종이에 색칠, 28.2x35.6cm
〈무녀신무〉, 《혜원전신첩》 중에서, 종이에 색칠, 28.2x35.6cm
〈문종심사〉, 《혜원전신첩》 중에서, 종이에 색칠, 28.2x35.6cm
〈노상탁발〉, 《혜원전신첩》 중에서, 종이에 색칠, 28.2x35.6cm
〈암탉과 병아리〉, 변상벽, 18세기 후반, 비단에 색칠, 94.4x44.3cm
〈맨드라미와 쇠똥구리〉, 신사임당, 《초충도 병풍》 중에서, 종이에 색칠, 34x28.3cm
〈송정아회〉, 종이에 엷은 색칠, 59.4x47.7cm
〈계명곡암〉, 종이에 엷은 색칠, 59.4x47.7cm
〈나월불폐〉, 비단에 엷은 먹물, 25.3x16.0cm
〈장닭 두 마리〉, 종이에 엷은 색칠, 23x23.6cm
〈미인도〉, 비단에 색칠, 114.2x45.7cm
〈연당의 여인〉, 《여속도첩》 중에서, 비단에 색칠, 26.2x19.1cm
〈씨름〉, 《행려풍속도 병풍》 중에서, 1813년, 비단에 엷은 색칠, 119.3x37.3cm
〈기녀와 스님〉, 《행려풍속도 병풍》 중에서, 1813년, 비단에 엷은 색칠, 119.3x37.3cm
〈휴식〉, 《행려풍속도 병풍》 중에서, 1813년, 비단에 엷은 색칠, 119.3x37.3cm
〈여행하는 선비〉, 《행려풍속도 병풍》 중에서, 1813년, 비단에 엷은 색칠, 119.3x37.3cm

지은이 **최석조**

초등학교에서 아이들을 가르치고 있습니다. 한신대학교 교육대학원에 다니면서 우리 옛 그림을 알게 되었고 금방 그 멋스러움에 흠뻑 빠져들었습니다. 지금도 글 쓰고 강연도 하며 아이들에게 쉽고 재미있게 우리 옛 그림을 소개하는 데 힘쓰고 있습니다. 지은 책으로는 《김홍도의 풍속화로 배우는 옛사람들의 삶》《신윤복의 풍속화로 배우는 옛사람들의 풍류》《우리 옛 그림의 수수께끼》《재미로 북적이는 옛 그림 길》《조선 시대 초상화에 숨은 비밀 찾기》 등이 있습니다.

그린이 **김민준**

대학에서 한국화를 전공했습니다. 2000년 출판미술대전 은상을 수상하고 본격적으로 일러스트레이터로 활동하고 있습니다. 그동안 그린 책으로 《나는 수학이 정말 싫어》《학교 가기 싫으면 겨드랑이에 양파를 끼워 봐!》《쫄쫄이 내 강아지》《돌봄의 제왕》《마야와 고야의 세계 가면 여행》《강철맨과 투명 망토》《작심삼일만 3년》 등이 있고, 쓰고 그린 책으로 《비 내리는 날》이 있습니다.

혜원 신윤복, 조선의 여인을 그리다

2015년 9월 15일 1판 1쇄
2023년 10월 31일 1판 2쇄

지은이 최석조 | **그린이** 김민준

기획·편집 최일주, 이혜정 | **교정** 한지연 | **디자인** 민트플라츠 송지연 | **제작** 박흥기
마케팅 이병규, 양현범, 이장열, 김지원 | **인쇄** 코리아피앤피 | **제책** J&D바인텍

펴낸이 강맑실 | **펴낸곳** (주)사계절출판사 | **등록** 제 406-2003-034호 | **주소** (우)10881 경기도 파주시 회동길 252
전화 031)955-8588,.8558 | **전송** 마케팅부 031)955-8595, 편집부 031)955-8596
홈페이지 www.sakyejul.net | **전자우편** skj@sakyejul.com | **페이스북** facebook.com/sakyejulkid
인스타그램 instagram.com/sakyejulkid | **블로그** blog.naver.com/skjmail

ⓒ 최석조, 김민준 2015

값은 뒤표지에 적혀 있습니다. 잘못 만든 책은 구입하신 서점에서 바꾸어 드립니다.
사계절출판사는 성장의 의미를 생각합니다. 사계절출판사는 독자 여러분의 의견에 늘 귀기울이고 있습니다.

978-89-5828-872-5 73600
978-89-5828-775-9 (세트)